U0772854

阳光快乐体育

YANGGUANG KUAILE TIYU

shishang wangqiu

时尚网球

主编：张五平

执行主编：唐小林　张五平

本书编写组◎编

世界图书出版公司

广州·北京·上海·西安

图书在版编目（CIP）数据

时尚网球／《时尚网球》编写组编 . —广州：广东世界图书出版公司，2010. 4（2024.2 重印）

ISBN 978 - 7 - 5100 - 1996 - 8

Ⅰ . ①时… Ⅱ . ①时… Ⅲ . ①网球运动 – 青少年读物 Ⅳ . ①G845 – 49

中国版本图书馆 CIP 数据核字（2010）第 050016 号

书　　名	时尚网球	
	SHISHANG WANGQIU	
编　　者	《时尚网球》编写组	
责任编辑	柯绵丽	
装帧设计	三棵树设计工作组	
出版发行	世界图书出版有限公司　世界图书出版广东有限公司	
地　　址	广州市海珠区新港西路大江冲 25 号	
邮　　编	510300	
电　　话	020-84452179	
网　　址	http://www.gdst.com.cn	
邮　　箱	wpc_gdst@163.com	
经　　销	新华书店	
印　　刷	唐山富达印务有限公司	
开　　本	787mm×1092mm　1/16	
印　　张	10	
字　　数	120 千字	
版　　次	2010 年 4 月第 1 版　2024 年 2 月第 12 次印刷	
国际书号	ISBN　978-7-5100-1996-8	
定　　价	48.00 元	

前　言

当今时代，人人都明白"科技是第一生产力"、"知识就是财富"，但是，千万不能因此就忽略了对青少年健康体质的培养。青少年时期是身心健康和各项身体素质发展的关键时期。青少年的体质健康水平不仅关系个人健康成长和幸福生活，而且关系整个民族健康素质，关系我国人才培养的质量。为此，《中共中央国务院关于加强青少年体育增强青少年体质的意见》强调："增强青少年体质、促进青少年健康成长，是关系国家和民族未来的大事。""广大青少年身心健康、体魄强健、意志坚强、充满活力，是一个民族旺盛生命力的体现，是社会文明进步的标志，是国家综合实力的重要方面。"

但是，由于片面追求升学率的影响，社会和学校存在重智育、轻体育的倾向，学生课业负担过重，休息和锻炼时间严重不足，此外，许多学校体育设施和条件不足，学校体育课和体育活动难以保证，导致青少年身体素质下降。近些年体质健康监测表明，青少年耐力、力量、速度等体能指标持续下降，视力不良率居高不下，城市超重和肥胖青少年的比例明显增加，部分农村青少年营养状况亟待改善。解决未来一代学生体质健康不断下降已成为当务之急。

2006 年 12 月 23 日，教育部、国家体育总局、共青团中央联合下发的《关于开展全国亿万学生阳光体育运动的决定》，进一步深化了"健康第一"、"每天锻炼一小时，健康工作五十年，幸福生活一辈子"的健康生活理念，这是我国为改变学生体质健康状况持续下降的不利局面，推动广大学生积极快乐参加体育活动而发出的伟大号召，意义重大而深远。

阳光体育运动的要求是让青少年走向操场，走进大自然，走到阳光下。阳光体育运动是快乐的。每个参加者在积极主动地，热情地走进丰富多彩的体育运动，锻炼身体，强健体魄的同时，内心充满活力，充满阳光，向往阳光，享受运动带来的快乐。阳光快乐体育的目标任务是：通过持之以恒地参与阳光快乐体育运动，让青少年养成健康的生活方式，建立奋发向上、不断进取的人生态度，使他们未来拥有健康的体魄、坚韧不拔的意志品质、良好的心理素质、健全的人格，从而成长为有中国特色的社会主义事业的合格建

设者和接班人，为未来拥有成功的人生打下坚实的基础。

为此，我们编写了这套丛书，真切希望为广大青少年全面认识和了解丰富多彩的体育运动、选择适合自己的运动项目提供一个平台，为他们更好地掌握科学的锻炼方法、获得运动健康知识提供一个窗口，从而为形成"人人参与、个个争先"的、生气勃勃的校园体育锻炼氛围，为阳光快乐体育运动的顺利开展和有效实施作出微薄的贡献！适合青少年学生的体育运动项目繁多，各有特色，本系列丛书所涵盖的运动项目主要分为两大类：奥运项目和青春时尚系列运动项目。其中奥运项目包括：篮球、足球、排球、乒乓球、羽毛球、网球、游泳、跳水、花样游泳、赛艇、皮划艇、帆船、水球、田径、体操、艺术体操、重竞技运动、跆拳道、手球、棒球、垒球等；青春时尚系列运动项目主要包括：健美操、青春时尚系列、户外运动、武术套路运动、散打运动等。丰富多样的运动项目体现了本丛书的全面性、系统性的特点，方便广大青少年全面认识和了解丰富多彩的体育运动，根据自己的兴趣爱好、身体素质及学习和生活状况来选择适合自己的运动项目。

本丛书另一个特点是以图文结合的形式介绍每种运动项目，以图释文，图文并茂，让各种动作技术变得易懂易学。这能让青少年更形象、更轻松地理解每一个技术动作，也能更好地培养青少年的空间思维能力，增加学习兴趣。此外，本丛书按教材的逻辑结构编写，每个运动项目介绍内容包括：运动项目的起源与发展→运动项目的基本技术技能→运动项目的快乐入门→运动项目的综合知识→运动项目的竞赛规则→运动损伤及处理措施。条理清晰，简单易懂，让读者在轻松快乐学习该运动项目技术动作的同时，也可了解到相关的一些理论知识。我们衷心希望每个青少年都能将体育运动真正融入到生活、学习和成长过程中去，都能在体育运动中体验快乐，体验快乐的生活方式。祝福每一位青少年都能健康快乐地成长！

本丛书编写过程中，得到了很多朋友的帮助，也从很多同行的著述中得到了启发，特别是陈明生老师为本套丛书提出了许多宝贵意见和指导，在此，一一表示深深的感谢！

编　者

目录

Contents

时尚网球

1

阳光快乐体育

第一章　网球运动概述

网球是被称为"世界第二大球类"的项目。网球运动是 2 人或 4 人在一块长 23.77 米、宽 8.23 米（单打）或 10.97 米（双打）、中间隔一网的场地上，用球拍往返击一个有弹性的橡皮小球的一项球类运动。

第一节　网球运动的起源、沿革及奥运发展史

一、网球运动的起源

网球运动最早起源于 12 至 13 世纪法国传教士在教堂回廊里用手掌击球的一种游戏，后来成为宫廷里的一种室内消遣娱乐活动。也有人认为，网球运动的起源应追溯到"百年战争"（1337～1453 年英法两国战争）以前在法国民间流传的一种名叫"海欧·德·巴乌麦"的球类游戏。据说这种游戏是两个人进行的，每人各执一个球拍，球场的周围筑有围墙，球撞到墙上后被弹回去，而后过网。因此，无论从使用的场地和器具上，还是从进行游戏的方法上，它与现代网球运动都有许多相似之处，所以有人把它看成网球运动的原初形态。网球

的直径为 6.541～6.858 厘米。起初的网球，只是两个半球填充草、树叶或头发等制成的，随着网球的不断发展，球的制作也越来越讲究。

到了 14 世纪中叶，法国的一位诗人把这种球类游戏介绍到法国宫廷中，作为皇室贵族男女的消遣。当时玩这种游戏，场地是宫廷内的大厅，没有网也没有球拍，球是用布卷成圆形后用绳子绑成的。场地中间架起一条绳子为界，利用两手作球拍，把球从绳上拍来拍去，法语叫作"Tennez"，英语叫作"Take it! Play"（意即"抓住！丢过去"）。不久，木板的球拍代替了两手拍球。16 世纪初，这项球类游戏被法国国民发现，出于好奇心开始仿效，很快地传播到各大

城市，同时改良了用具。球制造得比较耐用，拍子由木板改为羊皮纸板，拍面面积放大，握把的柄也加长。场地中间的绳子，增加无数短绳子向地面垂下，球从绳子下面经过时，可以被明显地发现。民间的这种游戏后来被法国国王路易斯下令禁止，并规定这是宫廷中的特权游戏。17世纪初，场地中间不再用绳帘，而改用小方格网子，网比帘的作用更好，拍子改用穿线的网拍，富有弹性而且轻巧方便。在法国宫廷中进行这种游戏时，球场旁边放置一只金色容器，每次比赛完毕后，观众将金钱投入盘中，作

图1-1　诞生初期的网球运动

为胜利者的奖品。这种方法起初的用意很好，后来渐渐演变成为一种赌博。开始时数目尚小，久而久之越赌越大，甚至有人因此倾家荡产，于是纠纷迭起。法国国王遂下令禁止再做此种游戏，这就是18世纪初期网球衰败的主要原因。

图1-2　1874年的网球运动画册

图1-3　1881年的网球运动画册

虽然网球运动孕育在法国，但近代网球的诞生却是在英国。1873年，掌握了古式网球游戏的英国人M·温菲尔德少校设计了一种适合于室外的男女都可以从事的户外活动，名为草地网球，同年出版了一本《草地网球》小册子。1874年，又进一步确

定了场地大小和球网的高度。1875
年，随着这项运动在英国球场风靡起
来，英国板球俱乐部制定了网球比赛
规则。温菲尔德由于对近代网球运动
所作的贡献，获得了英国女王的勋
章。1877 年，英国在温布尔登举办了
第一届网球锦标赛，共 22 名男选手
参加。亨利·琼斯和另外两个人为这
次比赛制定了全新规则。当时，球场
为长方形，长 23.77 米，宽 10.97
米，至今未变。发球失误一次不判失
分，每局采用 0、15、30、40 计分方
法，为现代网球的盘、局分制奠定了
基础。

图 1-5　早期在船上进行的的网球运动

1884 年，开始增加了女子网球项
目。首届女子网球单打比赛在温布尔
登举行，共有 13 名女选手参加，决
赛在一对姐妹中进行，结果姐姐获得
了第一位世界女子网球赛冠军。当
时，女球员必须穿英国当局规定的统
一服装：头戴滚花宽边帽，身着长
衫、长裙，足蹬皮靴，裙长必须遮住
足踝，胸口还要打上一条细丝领带。

图 1-4　早期的网球运动

图 1-6　早期的女子网球运动

图1-7　早期的女子双打

二、网球运动的发展阶段及演变

　　网球运动从冲出宫廷走向普及并形成高潮是在美国。1874年，在英属百慕大度假的美国人玛丽·奥特布里奇看见英国军官打网球后，被网球这项运动所吸引，并如饥似渴地学了起来。当她回国时，她克服了海关扣留拍子和球的困难，一回纽约，就和她的哥哥埃米勒斯在纽约斯特誉岛的一个板球俱乐部的空地上设置了网球场并练起了网球。当时，美国只有女子打网球，男子认为网球是女子运动，因此无人问津。由于网球的独特魅力，网球运动便在美国斯特誉岛上开展起来，不久，在纽约、新港、波士顿、费城等大城市里很快传播开了。1881年，世界上第一个全国性网球协会，即美国全国草地网球协会（"全国"两字于1920年取消）成立。该协会于当年8月31日至9月3日，在罗得岛纽波特港举行第1届美国草地网球的男子单打和男子双打锦标赛，采用了温布尔登的比赛规则。参加比赛的有26人，单打冠军是理查兹·西尔斯（他连得7年冠军）；双打冠军是克拉克与泰勒。1887年，开始举行美国草地网球女子单打锦标赛；1890年举行女子双打锦标赛；1892年举行混合双打锦标赛。

图1-8　早期的网球运动参与者

罗斯福担任美国总统时期是美国网球运动发展最快的时期。他经常邀请陪同他骑马散步的朋友在白宫球场上打网球，所以人们称他的内阁为"网球内阁"。他还在全国修建很多的网球场，举行网球比赛。在第二次世界大战中，全世界的网球比赛都停了，唯独在美国没有停下来。并且，美国网球运动还出现了发展的高峰，在极盛时期，竟有4000万人参加网球运动，其普及率非常高。由于美国网球运动基础好，直到今天，在世界网球大型比赛中美国运动员的比赛成绩一直遥遥领先，截止2000年底，ATP排名前十名中，美国运动员占2名；WTA排名前十名中，美国运动员占4名。

1878年以来，草地网球已由英国的移民、商人或驻军等传至全球，如加拿大和斯里兰卡（1878年）、捷克斯洛伐克和瑞典（1879年）、印度和日本（1880年）、澳大利亚（1880年）、南非（1881年）。当时，爱好网球的人士绝大多数是富裕的资产阶级。他们有条件在自家的草坪上随时设置网球场，作为他们社交活动的场所。在19世纪90年代中期，网球运动进入了初步发展的阶段，许多国家和地区组织了网球协会，并定期举行比赛。

1900年，21岁的美国网球运动员戴维斯为了推动现代网球运动的发展，捐赠了一只黄金衬里的纯银大钵，命名为戴维斯杯。它后来成为国际网坛声望最高的男子团体锦标赛的永久性流动奖杯。每年的冠军队和队员的名字刻在杯上，当1920年戴维斯杯刻满名字后，戴维斯又捐赠了一只垫盒，以后又增添了两只托盘。

1904年，澳大利亚草地网球协会成立，并于1905年开始主办澳大利亚公开赛，设男子单打、男子双打两个项目。1922年又增加了女子单打、女子双打和混合双打三个项目。法国网球公开赛、英国温布尔登网球公开赛、美国网球公开赛和澳大利亚网球公开赛合在一起是世界上最有声望的"大满贯"网球锦标赛。任何一名选手或一组双打选手能在同一赛季中，赢得这四个公开赛的冠军时，便获得"大满贯"优胜者的荣誉。

1913年3月1日，英国、澳大利亚、法国等12国的网协在巴黎召开会议，成立了世界网球的最高组织——国际网球联合会，总部设在伦敦。国际网球联合会负责协调国际网球活动、安排全年比赛日程表、修订网球规则并监督它的执行。1919年，网球大赛采用"种子"制度抽签。1927年，英

国首创无缝网球，使球速加快。1945年至20世纪60年代，网球运动趋向职业化。1963年开始举办联合会杯赛。1968年温布尔登首先实行不区分业余选手和职业选手的参赛制度。

1919年，法国的S·钱伯斯，开创了后来六届夺取冠军的荣誉。她首次穿上了无袖的短衣、短裙，打破了英国规定的传统服装，为改革女子网球服装作出了贡献。

20世纪50年代，双手握拍击球技术被网球运动员采用，比赛时间越来越长，争夺也越来越激烈。

20世纪70年代以后，网球运动又得到了进一步的发展。网球运动发展较快的主要原因有如下几点：第一是允许职业选手参加温布尔登等公开赛，开创了职业网球巡回赛的先河，取消了职业选手与业余选手的界限，增加了大赛的激烈程度，从而促进了运动员技术水平的提高，吸引了广大网球爱好者从事该项运动的热情和观看、评论网球比赛的积极性。第二是科技成果在球拍等器材制造中的应用，促进了先进器材的生产、技术水平的提高，并造就了一批年轻的优秀选手，从而促进了网球运动向前发展。

图1-9　国际网球联合会标志

图1-10　世界男子职业网球协会标志

图1-11　世界女子职业网球协会

1972 年，世界男子职业网球协会成立。

1973 年，世界女子职业网球协会成立。

目前，由国际网球联合会（International Tennis Federation . ITF）、世界男子职业网球协会（Association of Tennis Professional . ATP）和世界女子职业网球协会（Women's Tennis Association . WTA）三大机构的不同等级、不同年龄的各类网球赛事贯穿整个年度，三大机构共同遵循一个赛程安排计划，并互相协调各项工作。

三、网球器材和规则的演变及发展

1875 年，英国的迈瑞伯尼板球俱乐部制定了一部新的标准化网球比赛规则。接着，全英板球俱乐部决定在温布尔登建立用于网球比赛的草地网球场，这成为网球运动史上一个重要的里程碑。这项新的运动在当时极受欢迎，因而全英板球俱乐部就很快就改名为全英板球和草地网球俱乐部。他们完善的一些规则沿用至今，成为现代网球运动规则的一部分：他们规定比赛场地的长为 23.8 米，宽 8.2 米，双打场地长 23.8 米，宽 11 米，位于球场

中间的球网高 0.914 米，球网由距离场地 0.914 米，用高 0.93 米的柱子支撑。现在，草地球场在少数的一些比赛中仍然被使用，但最普遍的场地表面是由黏土、水泥以及铺底的沥青和其他合成材料铺成的，大部分地区把由黏土铺的场地叫做"硬地球场"。合成材料可以铺成硬地面或人造草地，还可以和传统的木质地板一起铺成人们喜爱的室内网球场地。

网球由外面包裹的高质量布料和中心密封的橡胶球组成。外边包裹的布料一般是羊毛和含 35% 尼龙的混合物，这种球会越用越软，因此在比赛中，根据场地表面等因素，经裁判员同意可定期换球。网球有统一的外表，接缝处不能有接线，国际网联规定网球的颜色应为黄色或白色。网球的直径是在 6.35 厘米和 6.67 厘米之间，重量为 56.7～58.5 克，并且要求网球从 2.54 米的高度扔到水泥地面上时的弹跳在 1.35 米到 1.47 米之间。

1981 年前的比赛规则中没有关于网球球拍的规定。直到国际网联委员会研究了 1977 年推出的有两层弦线的双弦球拍后，才做出禁用的规定："球拍框架使用的材料重量、尺寸、

形状及其弦线不限。"弦线上下交替或联结编织，相互交叉的弦线距离不得小于6.35毫米，不得大于12.7毫米。球拍上的附加装置只能用于防止磨损，不能改变球的飞行。1979年国际网联还规定职业比赛中的球拍长度不得超过0.74米，从2000年开始这一规定也用于非职业比赛。另外球拍的宽度不得超过0.32米。

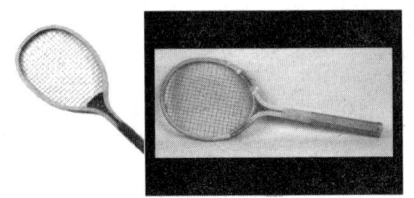

图1-14　现代的网球拍

图1-15　现代的网球拍

图1-12　早期的网球拍

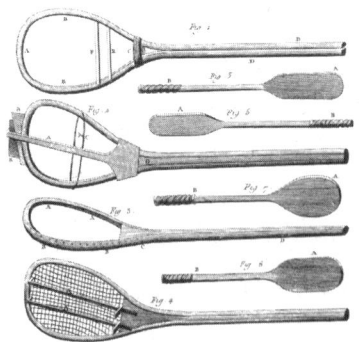

图1-13　20世纪初期的木质网球拍

四、网球运动的奥运发展史

1896年，在雅典举行的现代第1届奥运会上，网球的男子单打与双打被列为正式比赛项目。后来，由于国际奥运会和国际网球联合会在"业余运动员"的定义上有分歧，从1924年连续七届奥运会的网球比赛都被取消，直到1984年的洛杉矶奥运会上，网球被列为表演项目。1988年的汉城奥运会上，网球又重新被列为正式比赛项目。与网球职业比赛一样，奥运会网球比赛也采用淘汰制，输一场就彻底被淘汰。

第二节　网球运动的特点

网球运动是技术、战术与体能并重的项目。网球比赛对体能要求很高，由于比赛时间长，以有氧代谢功能为主，无氧代谢为辅，随着比赛的日益激烈，无氧功能比例有增长的趋势。总的来说，网球运动有以下特点：

（一）比赛时间长

一场实力相当的女子三盘、男子五盘的单打比赛，可持续 3～5 小时，但间歇时间较多。规则规定，每盘中的单数局结束要交换场地，并可以使用 90 秒的休息；每分比赛之间可以间隙 25 秒。另外，快速场地和慢速场地的比赛回合上差别比较大，因而真正的净运动时间也是不同的。

（二）比赛跑动量大

跑动量和场地性能有关系，据统计女子单打实力相当的高水平比赛可达到 5000 米，男子五盘可达 6000 米以上。随着快速场地的广泛使用和网前战术的发展，比赛的跑动动量有减少的趋势，但跑动的强度在增加，前后快速跑动、跨扑、跳跃动作在增加。

（三）击球数量多

在慢速场地上底线战术型的对手比赛，总攻击次数可达千次以上；而在快速场地上两名网前进攻型的选手比赛，总的击球数只有几百次。攻击力与击球数正成反比。网球拍重340～425 克，高水平选手发球时球速可达 200 多千米／小时，抽球时速可达 100 多千米／小时，可见挥拍的速度是很快的。一场比赛运动员通常要上千次的击球，因而，运动员没有良好的爆发力和力量耐力是不可能胜任的。

（四）心理品质要求高

网球单项比赛不准许教练指导，所以运动员的每一次拍球大部分是在重重的心理压力下做出的，这就要求运动员有很高的心理素质，在训练及比赛中都要有很强的责任感和坚定的信心，有克服所遇到的种种困难的非凡勇气，情绪稳定，对自己的实力充满信心，有强烈的竞争意识，在大赛中不畏强手，敢于拼搏，等等。

另外，从大众健身方面来看，网球是世界上最流行的运动项目之一，一向被扣以"贵族运动"、"高雅运动"以及文明运动的美誉。观看重要

的国际网球比赛，是许多人休闲、度假的重要内容。

网球运动可以强身健体，增强体魄。由于成天忙于工作、学习和生活，人们大多数时间都在室内度过，需要到室外进行一些户外运动，网球就是最好的选择之一。网球是一种有氧户内外运动，不受年龄和性别的影响，适合各个年龄段男男女女进行。年轻人在网球运动中可以显示他们优良的身体素质、强劲的力量和奔跑的速度；少年儿童在网球运动中可以锻炼体质，提高反应灵敏度；中年人及古稀老人，可以根据自身的身体、心理、生理条件，进行适宜强度的运动，增强体魄。由于网球运动的运动量和运动强度的可调控性（可快可慢、可张可弛）和趣味性，使得参与者能以饱满的热情和适合自己的强度进行运动，在不知不觉中完成相当于跑完几千米变速跑路程的运动时间和运动强度，达到了增进健康、增进体质、强壮身心的目的。

网球运动是隔网对抗类项目，没有肢体碰撞，能减少不必要的伤害，文雅、安全。此外，打网球至少需要一个球友，因而可以通过打网球增进友谊、加强团结、促进交流、开展社交活动，所以在我国老年人和青年人中，特别是高等学校中，出现了"网球热"的势头，群众性的网球运动在悄然兴起。

第三节　网球运动的发展态势

网球运动属于隔网对抗性技能项目。网球运动员的体能特征是身材高大，力量强大，爆发力好，具有很好的耐力水平；在技术上要求运动员非常重视发球和接发球技术，必须掌握多变线路的击球能力和准确的击球落点。网球项目战术发展趋势是底线打法得到了很大的改进，运动员将采用更加灵活多变的战术，更加注重以大力发球和击球线路的变化造成对方回球失误或创造良好的进攻时机。

当今是全攻全守型打法占主流，处处可见大力、强攻的球员，而除非是天才的全能球员，否则只有在攻守之间选择其一或继续沿着防守反击的路线走下去。未来的网球场将是力量型、速度型外加智慧型的球员唱主角，谁能发更多的 ACE 球，谁能拥有更强劲的力量，更快的速度，谁就能占得先机。

图1－16　全面型打法的代表——费德勒

现今网球的发展还有这样几个特点：一是普及；二是水平高，争夺激烈；三是随着器材的改革，尤其是球拍的研制，网球将向着力量、速度型方向发展；四是随着网球各种大赛奖金的不断提高，网球的职业化、商业化程度会越来越高。总之，作为世界第二大运动的网球运动将以其无以伦比的魅力和不断发展的技术赢得越来越多的爱好者和观众。

第二章　网球运动基本技术及战术

第一节　网球运动的基本技术

一、准备姿势

面对球网，双脚开立约与肩同宽，双膝微屈身体略向前倾，重心落在双脚的前脚掌上，右手轻握拍柄，左手轻托拍颈，双肘微屈，球拍置于肚脐与胸的高度之间，拍头指向对方，两眼注视对方来球，身体要放松，肩部和握拍要放松，要根据来球迅速地做出反应，随时作好击球准备，如图 2-1。

图 2-1

二、握拍方法

握拍时手掌边缘要与拍柄的底部

齐平，勿握在拍柄的中央部位；掌心和手指应与拍柄最大面积地贴合在一起，体现出拍手一体、拍手无间的感觉，不要仅用手指"捏"住拍柄；拇指环过拍柄贴压于中指之上，勿留有空间以免在击球时球拍脱手；食指略与中指分开并自然与拍柄靠拢在一起，如果像握拳头一样死板地将球拍抓在手里，那么握拍的灵活性及随意性就要逊色许多，不利于对球拍的控制，手也容易感觉疲劳。

（一）握拍方法的特点与作用

网球的握拍方法分为：东方式（包括东方式正手及东方式反手）、大陆式、西方式、半东方式、半西方式等，其依据是持拍手之虎口相对于拍柄各棱面的位置而定。

（二）握拍方法的选择

握拍方法需要根据自身的身体条件来挑选适合自己的握拍方式。建议以握拍稍深的东方式握拍法来打正

拍；至于反拍击球，无论是单手或是双手握拍，通常建议采用大陆式向左稍深的握拍法；而发球、截击时，选择比大陆式握拍更浅一点的握拍方法，目的是使肘关节容易向内侧旋转。

（三）握拍方法的种类及要点

1. 东方式握拍

东方式握拍易于正手抽球，拍面和掌心的方向一致，这样初学者更能容易地掌握用掌心击球的感觉，并且击出的球更稳定。采用这种握拍，拍面可以通过摩擦球的后部击出上旋球，还可以打出有很大力量和穿透性的平击球。同时，东方式握拍很容易转换到其他握拍方式。

东方式握拍法：将手平放在拍面上，然后下滑到球拍拍柄处握住；或者把球拍平放在桌面上，将球拍拿起即为东方式握拍法。从技术的角度讲，此握拍法接近于握手的感觉，如图2－2。

2. 西方式握拍

西方式握拍可使击出的球旋转大、落地后向前冲击较大，能使对手面临更大的压力。可以让击出的球恰好过网，但过网后就会立刻下坠，而球在落地后还会高高地弹起，这就会迫使对手退至底线后回球。这种握拍

比其他任何一种正手握拍法的击球点都要更高更远。

图2－2

拍面水平于地面，由正上方握起食指根部接触到一个平面，这种握拍就是西方式握拍法。喜欢打强烈上旋的上场选手多采用这种握拍法，如图2－3。

图2－3

3. 大陆式握拍

大陆式握拍法可以使发球或打过顶球时手臂自然，此方法容易击出正

手平击球，另外，有易于处理低球，易以同一握拍产生各种击球面等优点，由于在打正手和反手球时不需要调整握拍法，因此大陆式握拍法也是打网前截击球的最佳选择，因为采用这种握拍法可以使正拍及反拍攻防转换十分迅速。同时，它还适合于在防守击球点较晚的球。

球拍与地面垂直，此握拍法接近于持刀的感觉，由球拍正上方握拍，因为采用这种握拍时，食指根部压在与拍面水平的那个平面上，拍面的角度几乎与地面垂直，所以仿佛在用拍框的侧面钉钉子一样，如图2-4。大陆式握拍法容易击出正手平击球，另外，容易处理低球，易以同一握拍法产生各种击球面等优点，但是击出的球速度不快。

图2-4

4. 半西方式正手握拍

相对于东方式握拍，这种握拍可以让选手打出更多上旋，使球更容易过网，更好控制线路，它很适合打上旋高球和小角度的击球。而且这种握拍还可以打出更深远的平击球。因为大幅度地引拍，击球时强烈的上旋有助于把球更多地打在场内。这种握拍在身体前部的击球点比东方式握拍更高、更远，因此更有利于控制高球。

以东方式握拍，然后逆时针方向（左手握拍则顺时针方向旋转）旋转球拍，使食指根部压在下一条拍棱上。底线力量型选手多采用这种握拍，如图2-5。

图2-5

5. 东方式反手握拍

同东方式正手握拍一样，它可以给手腕提供良好的稳定性。击出的球可以略带旋转，或直接击出很有穿透力的球。而且，采用这种握拍只要做非常小的调整就可回到东方式正手握拍，这样选手在削球或在网前截击时都会比较轻松。

大陆式握拍开始，顺时针旋转球拍（左手持拍为逆时针），使食指根部压在上一个斜面，便形成东方式反手握拍，如图2-6。

图2-6

6. 半西方反手握拍

半西方反手握拍有利于处理高球，而且也容易打出带上旋的回球。能打出极具杀伤力的反手球的选手都是采用这种握拍法。

食指根部仍处于拍柄的上端，但其他三个手指根部几乎与食指处于一条与拍柄平行的直线上。这样的握拍就像在拍柄上握拳一样，如图2-7。

7. 双手反手握拍

比起单手反手击球，双手反手借助肩部的转动和小幅度的挥拍来发力。因此采用双手反拍击球时隐蔽性

比较高。这个握拍法还适合处理低球，而且在回球时力量很足。

图2-7

使拍面处于大陆式和东方式反手握拍的中间位置，然后用另一只手以东方式正手握拍法放在持拍手的前方，如图2-8。

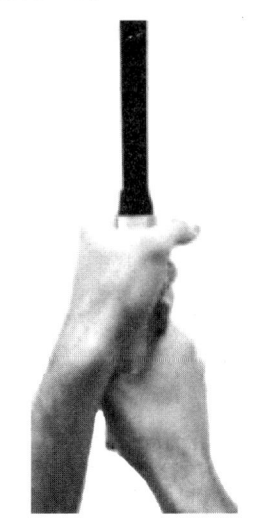

图2-8

三、击球过程的基本环节

（一）判断

判断来球是决定脚步移动的方向和还击方法的依据，它包含判断来球的路线和旋转性质、旋转强弱、速度快慢以及落点的远近等。

1. 判断来球的路线

根据对方击球时的动作及方法，来判断来球的路线。例如：对方移动到球场的右下角，他所采用的正拍击球方法和送球路线包括球场的角度原理（死角原理），就能判断出来球的路线80%是向斜线击球。还可以通过对方的侧身情况判断出直线和斜线球。

2. 判断来球的旋转性质

球的旋转，来自于拍面与球的摩擦。根据对方击球时的挥拍动作和几种打法就可以判断出球落地后的走势。例如：东方式握拍方法大多击出平击球，这种球落地后速度快，向前冲击比较大；西方式握拍方法击出的球，落地后向前向上弹性比较大，这样给对方造成的威胁大些。下旋球击出时看似速度很慢，但球落地后反弹很小，球会出现向下坠落的现象。

3. 判断来球的速度快慢及落点的远近

可以根据对方挥拍击球时动作幅度的大小和挥拍速度的快慢来判断球的速度、力量及落点。通常对方挥拍击球的动作幅度越大，挥拍速度越快，击出的球力量及速度就相对要快；反之则击球的力量及速度就小。这时可以根据对方击球时的出球情况来判断球的旋转强度，根据球的飞行弧线来判断球的落点是深是浅，来球飞行弧度较高则落点就深，反之落点就浅。判断来球时要特别注意观察对方击球时的动作，同时应把己方的回球速度、落点及旋转等情况给对方造成的影响考虑进去，才能正确的判断。

总之，判断来球：一是要靠观察对方的击球动作等方法；二是要根据对方站位情况来作出判断，更主要的是要通过长期的训练才能本能地作出正确的判断。

（二）移动步法

正如其他运动项目一样，脚步在网球运动中同样起着至关重要的作用，拥有良好的步法是一个现代球员不可或缺的重要因素。尤其在单打比赛中，要在8.23米×11.885米的场地上来回奔跑并完成各种击球动作，如果没有快速而准确的步法，就会顾此失彼，疲于奔命。

步法不仅是跑动中才有步法，在非跑动中的击球同样需要准确无误的步法，如网前截击除了借助于来球的力量之外，在很大程度上是通过脚步来实现由身体重心向肩、前臂的力量过度从而达到对球的控制。如果站在网前只是利用上身动作来完成截击，无论是从球的力量上还是落点上都不能达到最佳的效果。另外，网前小球以及高压球的处理都需要建立在碎步调整步法的基础上完成。

移动是为了在正确的击球点上击球，只有移动到位才能有效地把球击出，由于网球场地的面积很大，而且现代网球的速度越来越快，球路多变，因而在完成移动选位时反应要快，对来球的判断要早，启动要及时，确定还击方法要果断，步伐和手法配合要协调。在平时训练中不仅要努力提高启动的速度和移动的能力，而且更要重视提高自身的反应速度，并能协调地把步伐和击球手法紧密地结合起来。

在击球过程中，移动的快慢在某种意义上起到决定性的作用。移动速度比较快，就能迅速抢占击球的有利位置，从而提高回球的命中率和击球的高质量；反之，就会影响击球的命中率和回球的质量。尤其是对初学网

球的学生来说，要特别注意加强移动能力的培养和训练。一般的移动步法是在开始时为小碎步，中间为大步，当接近来球时，又改为小碎步。在确定支撑脚的位置后，另一脚跨出击球，其中支撑脚的移动是关键。

（三）击球

在网球场上，任何击球动作几乎都可由准备、后摆球拍、前挥击球及随挥这几个环节组成，每个环节完成得越到位，环节间接续得越连贯、周密，击球的效果也就会越好。在向前挥拍时，手腕要固定以保持拍面稳定，但在击球前握拍要放松，在击球的一瞬间再用力握紧。在这一环节中，合理的击球点、挥拍击球的方向和击球的部位是关键。

（四）回位

每次击球后都必须快速回位，这是每次击球后必须做到的。及时地回位并恢复到基本站姿和基本位置，做好再次击球的准备，这是连续击球的重要保证。无论你跑到球场的任何一个位置，都应做到快速地回位。还应注意击球后的放松和还原动作的简洁实用。但这里说的回位是指球场内一个基本的范围，不能简单地把它视为固定的一点，在训练和比赛中双方的击球位置和战术应用是在不断地发生

变化的，因而其基本的站位也绝不是一成不变的。所以在教学和训练中应正确的理解和灵活的处理回位原则。

四、基本站姿及步法

（一）站姿的种类及要求

1. 开放式击球站姿

特点与作用：这是西方式、半西方式正手握拍选手多采用的击球方法，因双脚是侧向自然分开，所以当移动击球时速度更快。拉拍、挥拍中腰和肩的扭转更大。

动作要点：双脚侧向自然分开并侧身击球的是开放式站姿，开放式站姿可充分利用上半身的扭转以获取速度和威力。靠肩和腰的力量一口气挥拍到底，决定轴足的同时左肩朝前，挥拍的力量和上半身的扭转成正比。开放式站姿击球时，决定右脚位置的同时，必须扭转上半身左肩朝前，同时往后拉拍。一边扭转上半身一边挥拍到底。击球点过前时，身体会游移，这样会影响力量的发挥。开放式站姿的挥拍中身体重心的移动，必须从右脚往左脚侧向移动，如图2-9。

● 配合来球的时机，决定轴足，左肩侧向前方同时往后拉拍，靠上半身的扭转做好挥拍的准备。

● 腰和肩的扭转越大，越能获得

力量和速度。挥拍中要能快速稳定地扭转上半身，就能发挥出比往前跨步击球更快的挥拍速度。

图2-9

● 身体重心不是由后往前移动，而是由右往左移动。为此，右脚要向前蹬地，打完球后，可利用此力量回到中场。

2. 关闭式击球站姿

特点与作用：关闭式击球站姿多数采用在东方式、大陆式握拍当中，因双脚是前后方式站立，以左肩朝前的姿势往前挥拍。所以，挥拍送球时间较长，击出的球较深，对于初学者侧身拉拍的习惯动作养成有很大帮助。

动作要点：左脚向右前方上步，右脚向右转90度与底线平行，同时转肩转髋带动右手向后摆动引拍是关闭式站姿。侧向跨出的同时，拉开球拍，以左肩膀朝前的姿势往前挥拍，挥拍时身体重心的移动，必须从右脚向左脚移动，腰和肩的扭转越大，越能获得力量和速度，如图2-10。当然，和正拍开放式站姿一样，要产生挥拍速度和力量，也是全靠身体的扭转和反弹力。

图2-10

●一边完成拉拍动作一边侧向跨出左脚，为使击球成功，判断的快慢和准备是重要的。

●力量的来源正是上半身的扭动，挥拍完成后右肩稳稳地朝前至背部朝网。

●右脚踏出的方向虽是侧向，但是为了顺利完成随球动作，脚趾须朝斜前方跨出。利用此旋转及最后蹬地的动作。

（二）步法的移动方法及要点

1. 调整步

调整步也可称为定向步，当身体位置需要进行微小调整时可以以这种步法定位，以确保站在最合适的位置上击球。

2. 冲刺步

冲刺时一脚先用力向移动的反方向作一小跨步，然后用蹬地的爆发力量一下子跨出两步多远的距离，这是效率非常高的移动步法。几乎所有选手都喜欢用这种步法向前移动，向侧移动时采用此方法的也很多见。

3. 小垫步

"小垫步"就是由准备姿势开始的，在原地双脚离地的一个"小跳"。双脚离地时，其间距与肩间宽。"小垫步"是形成快速启动和保持身体平衡的关键。你的对手每次触球前你都应该做这样的"小垫步"。掌握好时机是个关键。做"小垫步"的时候应该恰恰是对手挥拍向前的时候。当球从你的对手球拍上击出时，你应该仍然停留在空中。当你落地时，你的眼

睛恰好可以告诉你球的方向。落地前，你的双脚是不应该同时着地的。落地前，你的大脑应该已经判断出来球的方向，并且会"下意识"地决定哪一只脚先落地，以便迅速启动，使身体移向正确的方向上。你可以左脚先着地，也可以右脚先着地。做"小垫步"的另外一点好处是，当对手将球击出时，"小垫步"能够使你更加注意对手的击球，使你能够最大限度地对来球作出预测和判断。

4. 滑步、交叉步、侧移步

在比赛中很少有球直接送到身边，让你很舒服地不用调整步法即可击球。大多情况下，需要你不断地移动，迅速站稳，等待击球。因此场上的移动步法也是非常重要的，除了一般的跑动外和以上垫步之外，常见的还有滑步、交叉步（左右交叉、后交叉步）和侧移步步法的运用。

（1）滑步步法：多常用于前后移动不太远的正反手击球或者是反手位置的慢球。这里需要注意的是滑步的同时应提前引拍，最好做到保持向后引拍的姿势移动。具体的步法要点是：当向前移动时，蹬出右脚的同时，向前跨出左脚，连续向前即形成前滑步步法；当向后移动时，左脚后蹬的同时，向后迈出右脚，连续形成

后滑步步法。这种步法虽然也用于侧向的移动，但是多用于短距离移动，只适合在移动几步即可击到球的范围内使用。

（2）交叉步步法：主要用于向外侧移动，需要跑动击正手球和高压球时常常采用这种步法，向后移动时采用侧身交叉步移动也特别重要。而左右交叉步法，多常用在两侧边线附近的来球。向右移动时，向右转体，左脚先向右前方跨出，交叉于右脚外侧前方，再跨出右脚，继续跨出左脚于右脚外侧，反复向右交叉移动，就是右交叉步步法。向左移动的方法与向右移动的方法相反。后交叉与交叉步动作十分相似，只是首先移动后一侧的脚做后撤步交叉，也多用于向外侧和向后移动。打削球时使用这种移动方法比较多见。

（3）侧移步法：两侧移动步法多用于回击对方的扣杀球和打来的半场低平球。其移动前的准备姿势及站位基本同上网步法。

●向右移动步法：判断准来球后，上体稍倾倒向左侧，用左脚掌内侧用力蹬地，右脚同时向右侧跨大步，髋关节随之右转、上体稍倾倒向右侧，重心在右脚上。若距来球较近，可采用上述动作，若距来球较

远，则需左脚先向右脚垫一小步再起蹬，右脚同时向右侧跨大步。

●向左移动步法：判断准来球后，上体稍倾倒向右侧，用右脚掌内侧用力蹬地，左脚随髋关节的转动同时向左侧跨大步。若来球较远，左脚先向左侧移一小步，紧接着右脚往左侧方向起蹬并转身，向左跨大步。

五、发球技术

从世界网坛的发展趋势来看，发球的威胁越来越大，已成为运动员最主要的得分手段。发球是唯一不受对方制约，而主动向对方发起进攻的技术，它决定了发球方的球员是否从比赛一开始就可以取得场上的主动权，发球也是最有利的直接得分手段之一。强有力的发球技术一方面可以给对方强大威胁，另一方面也可以乘对方接发球软弱之机，主动向对方发起进攻，争取场上的主动权。因此，发球技术是比赛一开始就争取主动进攻，先发制人得分的有效手段。高水平比赛中，球员保住自己的发球局是赢取胜利的关键和基础，在此基础之上，再破掉对方的发球局才可最终获胜。

发球技术是由抛球和挥拍击球两个部分组成。

图 2 - 11

（一）抛球的动作要领

1. 稳定情绪

心浮气躁的情况下是很难发出一个好球的。通常的做法是：在发球的位置上做几次深呼吸，再拍拍球，然后准备发球。各人习惯不同，因而稳定情绪的做法也各有异，但这一环节最好不要被略掉并且尽量延续至准备动作当中去。

2. 握拍

可采用东方式反手或大陆式握拍。许多初学者都喜欢用东方式正手握拍进行发球，这是底线击球所留下的"后遗症"。其实一试便知，如果采用此种握拍在右区而且是用正常动作发球的话，球出手后十有八九会偏向外角一侧，因为手腕在自然情况下

所形成的拍面就是如此的角度，若想使拍面偏向内角则必须向内转手腕。现代网球选手的发球大都采用大陆式握拍方法，这样可以发出强而有力的球，这两者都可以采用。

3. 准备动作

靠近发球线的两个角一般被称为内角和外角，球员在发球之前对球出手后的方向、落点、旋转、速度等都应做个先期的预算，盲目发球出手无疑是在浪费先发制人的好机会。发球前具体的准备动作，双脚前后自然分开站立，两脚的连线根据球员中不同的习惯可与底线相垂直，也可以保持另外一个合适的角度，身体自然前倾，最好只持一个球，自然持球到手的拇指、食指及中指三指上，切忌用力将球握在手里或捏在手里。不能走到发球位置后立即就开始抛球并挥拍击球，仿佛球和拍是不相关的两样东西，发球要先集中注意力，同时也是稳定情绪和整理思路的延续，应该养成此习惯。

4. 抛球的方法

在准备动作的基础上，持球手的肘部渐渐伸直并向下靠近持球手同侧的大腿，然后从腿侧自下而上将球抛起。在整个动作过程中，手臂保持伸直的状态，其走势与地面垂直，掌心

向上，以拇指、食指、中指三指将球平稳托起，尽量避免勾指、甩手腕等多余的手部动作，以免影响球的平稳走势，球在空中的旋转越少越好。球脱手的最佳点在手掌走势的最高点，脱手过早容易造成球在空中旋转或晃动，出手过晚则会令球抛向脑后失去控制。球脱手时手指已最大程度地展开，球不是被抛到空中而是被送到空中去的，初学者应对此多作体验。

5. 抛球位置

根据不同的需要，球出手后在空中相对于身体的前后位置也不尽相同。一般为，第一发球强调出球的速度与攻击力，击球点较靠前，因此球也抛得较靠前。第二发球较为保守，在保证成功率的前提下强调球的旋转和控制球的落点，击球点也就相应后移，因此球要抛得靠后一些，基本上与背弓时身体的纵轴线相一致。抛球的位置也可参照球落地后相对于前脚的位置来确定，抛球后球应落于前脚前一个拍头的位置上。

6. 抛球的高度

球抛到空中的高度当然不能低于击球点的高度，但究竟多高才合适要视个人情况而定，因为此高度限定了挥拍击球所用的时间。从准备姿势到抛球出手，身体重心还有个后靠至后

脚再前移至前脚的过程，同时髋部前顶、腰背呈"背弓"状，然后反弹背弓并发力挥拍击球。因为抛球的稳定性建立在一定的手感基础之上，所以一般在发球动作之前最好能专门花一点时间练习抛球，在实际发球练习中要注意要领，如果球没有抛好的话接住重抛，千万不要勉强发球出手。

（二）挥拍击球要领

抛球与挥拍击球是同时开始进行的。挥拍击球的环节包括：

1. 后摆球拍

以准备姿势为基础向持拍手一侧转身，同时持拍手引导球拍贴近身体像钟摆一样将球拍引至体后（不一定要直臂后摆但掌心一定要朝向身体）。抛球球的位置要靠前。

2. 弓背动作

球拍后摆至一定高度后（此高度因各人习惯而异，至少大臂不应紧夹在体侧），以肘为轴，小臂、手、拍头依次向体后、背部下吊，同时屈双膝并伴随身体后展呈"弓"状。

3. 搔背动作

挥拍击球时肘部有一个引导小臂、球拍下吊至背后再以肘部为轴带动臂、拍头挥向击球点的过程。这一过程好像在用拍头给后背搔痒，故被称为"搔背动作"，其目的是为了持

拍手能有一个足够的获得摆动速度的过程，是为了到达击球一瞬间充分把力量爆发出来。搔背动作完成得是否到位关键要看搔背时手、臂是否得到了充分的放松，如果在手、臂十分僵硬的情况下完成此动作，那么到达击球点时一定会感到整个身体的弹性都已被破坏掉了，发不出力也就在情理之中，如图 2 - 12。

图 2 - 12

4. 击球

在屈膝、反弓背动作的基础上自下而上依次蹬直踝部、膝部，反弹弓背并向前向上伸展，与此同时仍以肘为轴带动手、拍头鞭打击球。发力是自下而上一气呵成的，其间的快慢由个人掌握，习惯、素质不同速度也就不一样，但共同点是：球拍走势最快、最具爆发力的一点应在到达击球点那一瞬间。击球时身体已全部面向对方，拍面自然地稍向左侧以便击球的侧后部，发出侧上旋球或侧旋球，如图 2 - 13。

时尚网球

5. 击球点的位置

球员手持球拍在空中所能争取到的最高点就是击球点。这时屈膝、弓背积蓄力量及蹬地发力是一个比较连贯的动作，因为根据第一发球和第二发球的不同需要，击球点是相应要有变动的，但力争高点击球却是在选择球点时最基本的原则。有了高点，不仅动作可以舒展地做出来，更重要的是在控制球路和球的落点以及力量上获得优势。

图 2 - 13

（三）发球的分类及其方法

1. 平击发球

特点与作用：

力量大，速度快，但命中率不高，球飞行时不是很稳定。现代网球比赛中选手在第一发球时大都采用平击发球，训练得当的话，这是一项颇具威力的得分手段。

动作要点：（以右手为例）

平击发球是相对的说法（或多或少都带有旋转），发球时正确的姿势是富有弹性的肢体动作，上抛时球不是抛向身体左侧，而是抛向头顶前边。上抛、挥拍动作要平衡，重点是放松，双脚张开与肩同宽，朝目标方向平行摆好姿势的是标准的站姿，这样才能击出强劲的平击发球，如图2-14。

图2-14

● 外开站姿的身体转动会产生力量，内靠站姿的肩膀容易前出，透过背对对手可隐藏自己的球路。

● 双脚张开与肩同宽，朝目标方向平行摆好姿势的是平击发球的标准站姿。

● 肩膀前出迎向来球，将身体力量传至拍头，击球的右后面。

2. 侧旋发球

特点与作用：

强烈的旋转，稳定的落点变化，就是侧旋发球的特点。比赛中第二发球较为保守，在保证成功率的前提下强调球的旋转和控制球的落点是选手必须具备的。侧旋发球是利用较多旋转使球能稳定的发出，这就要求二发要有速度加球路的观念。

动作要点：

侧旋发球的抛球的位置和站姿、挥拍的动作和其他发球基本一样。不同的是挥拍瞬间拍面的使用方法，重点在于击球时要从球的右后方用拍面包球向前向上挥出，并挥拍到底。如果刻意给球旋转切向球的侧面，速度和后劲都会不足，如图3-15。

图2-15

● 一样往上抛球，若发球姿势随

球种或球路而改变的话，容易被对手识破。

●用相同的挥拍方法并用击球时拍面的变化，打出不同的球路。第二发球时以控球、落点变化为优先。

●想象球是斜向顺势旋转而非侧向旋转。并强力将球拍包入球的右上方。

3. 上旋发球

特点与作用：

球落地后向前向上弹力很大，能给对方接发球造成困难。特别是对方移动慢、身材不高，起到的作用会更大一些。但如果发球力量跟不上，会给对方以接发球直接进攻的后果。

动作要点：

和其他发球动作基本一样，但是球要抛向脑后，在引拍时身体要向后背弓，利用双脚蹬地的力量身体向前向上加速发力。挥拍时，拍头自然下掉，击球点是由后下方向上拉出并产生强烈的上旋，直至挥拍完成。

六、接发球技术

接发球属打落地球技术。接发球时，应根据对方的实际情况，如发球的方法、旋转、力量和速度，通过判断，采用相应的接发球方法。

（一）接发球的重要性及要求

如果接发球技术好，不仅可以直接得分，而且还可以破坏对方的抢攻，成为战术上和心理上的有力武器，为进攻创造有利的条件。因此，接发球是网球技术中一个重要环节，应引起足够的重视。要接好网球发球必须掌握比较全面的基本技术，因为接发球之前，接球员对于对手发球的方向、旋转、力量、速度等都无法控制。一旦对方将球发出来就要迅速作出判断和反应，并且选择恰当的击球方式来完成接发球动作。

1. 接发球站位

接发球站位一般位于端线附近，但是最重要的还要根据对方的发球位置来变化自己的接发球站位，重点是力求在接发球时向前快速移动。

2. 准备姿势

保持着两脚平行站位，比肩略宽，右手持拍者一般右脚稍前，两膝微屈，上体稍前倾，脚跟提起，将球拍置于体前。在接发球的全过程中眼睛始终要注视来球，一直到完成还击动作。对方第一次发球时多采用大力发球，站位应偏后一些，如果是第二次发球时可略向前移，利于攻击性的还击。接大力发球时不要做大幅度的后摆动作，主要是控制好拍面角度并握紧球拍以免拍面转动。

还击来球之前要观察对方行动，

对自己的回球路线和落点要有所考虑。选择好接发球落点，对控制对手发球后抢攻有重要意义。网球接发球选手得分的捷径是接发球抢攻直接得分，为了提高回球得分的概率，重要的是首先看出发球人的破绽，并掌握一定的技巧。具体步骤如下：

● 观察对方行动，选好站位。

● 来球时，快速敏捷地侧身转体拉拍。击球瞬间，紧握球拍，使其不发生颤动。

● 随球动作中，径直顺着拍头的方向继续快速挥拍，之后自然返回。

（二）接发球的种类

1. 进攻型接发球

特点与作用：

主动迎击来球，争取在对方发球动作结束时，以最快速度回击来球，特点是出球快、力量大、角度刁。在比赛中常常应用在对方第二发球时己方的主动进攻。这样能给对方以措手不及，还可以采用主动进攻随球上网等技战术。

动作要点：

根据对方发球好坏、速度快慢而定。动作一般介于底线正、反拍击球动作和截击球动作之间。对发球差的选手，可用自己的底线正、反拍动作来接对方的发球；而对发球好、速度

快的选手，可用网前截击球的动作来顶接对方的发球，这样接出的球很有威胁。

接好发球的关键在于：快速灵敏的判断、反应和充分的准备。当击球点在身体前面的接发球时，在判明来球的方向后，即向后转动双肩，马上向前迎击来球。接大力平击发球时，靠近身体大多向左侧身，用反拍顶击球。用正拍侧身抢攻需要有更快更早的动作。迎上去顶击球时，要握紧球拍，手腕保持固定，使拍面正对着来球，身体的向前动作加上发球者的球速将提供所有接发球者所需的力量。

2. 防守型接发球

特点与作用：

面对对方第一发球时，有力量有角度的发球采用保守的回击球，击向对方场地中央。特点是加大击球的旋转力度，加长送球时间并把来球打向对方深区。这样可以延缓对方的回球时间，使自己能快速地回位。

动作要点：

● 当对方发球球离手时，眼不要离球。

● 重心应偏前，并在身前击球。

● 不可盲目追求没有可能性的直接得分。

七、抽球技术

(一) 正拍抽球

现代网球基本技术中最常用的击球方法，主要武器就是正拍抽球，正拍抽球是初学者最先学习的技术。正拍击球的动作，从理论上讲，动作比较深长，击球有力，速度也快。而在比赛中正手击球的机会比较多，正手击球后，可使选手在场上的位置更有利。由于现代网球速度的加快，不少初学者过多地担心反手球质量，因此经常采用正拍抽球，在正手击球时使用了许多手腕动作，并以动感十足的姿势大幅扭转的身体打正手球。下面以右手握拍者为例介绍正拍击球的动作要领（图2-16）。

图2-16

● 准备姿势：

面对球网，双脚向前自然分开与肩同宽，双膝微屈身体略向前倾，重心落在双脚的前脚掌上，右手握拍，左手轻托拍颈，双肘微屈，球拍舒适地放在身前，拍头垂直于地面并指向对方，两眼注视对方来球，做好击球准备。

● 后摆引拍：

当判断来球需用正拍回击时，移动双脚，左脚向右前方上步，右脚向右转90度与底线平行，同时转肩转髋带动右手向后摆动引拍（此为关闭式步法，适用于初学者转体；另一为开放式步法，左脚不必上步，两脚平站但需要更多向右转体的动作），引拍时肘部弯曲、拍头自然下垂，左手伸向前方指球，保持身体平衡，后摆引拍时身体重心移向右脚，左肩对着来球，手腕固定，挥拍转动约180度，拍子扛到左肩。

● 击球动作：

从后摆进而向前挥动时紧握球拍，手腕固定，用力蹬后脚，转动身体和挥拍，正拍的击球点在身体的右侧前方不超过腰的高度，击球时的挥拍速度最快，球打在拍面的中心，击球挥拍时的拍头是自下而上的挥动，这样一来能使球加大上旋。

● 随挥跟进动作：

球触拍后，使拍面平行于网的时间尽量长些，挥拍沿着球飞行的方向前送，重心向前转移落在左脚，身体也随着转动面向球网，挥拍动作在左肩上方结束，拍头指向上方高出头部。随挥跟进动作要比后摆动作大而充分，保证击球的稳定性，随挥跟进结束，立即恢复准备姿势，准备下一次击球。动作要点为：

A. 边拉拍边进入击球点。

B. 击球点务必在腰部高的位置。

C. 挥拍时要像把球拍扛在肩上一样挥出。

D. 球拍挥到底时身体要跟着扭转，使肩线与球网平行。

1. 平击抽球

特点与作用：

多运用于大陆式或东方式握拍法，纯粹的平击球是没有的，或多或少带些上旋。正拍平击抽球上有飞行路线平直，落地弹跳低，冲力大，进攻性强的特点。在底线对拉相持中或在对攻中，如果平击球技术运用得好，不仅可以为进攻创造条件，而且有时还能直接得分。但由于平击球的飞行路线平直而缺少弧线，所以该击球法的命中率和准确性比较差，因此这种打法在来回

球中较少使用。

动作要点：

以腰的扭转带动拉拍，动作放松，手腕控制好拍面。充分利用腰回转和腿部力量，整个手臂的挥动要快，用力要集中，击球时手背与前臂成30度角，球拍击球中部直接将球击出。在步法上，应根据对方来球的落点变化而作出相应的反应，用关闭式步法。由于平击球飞行弧线平直，容易出界或下网，因此挥拍动作不应过于向上，几乎平行地向前挥动击球，这样便于压住球并控制好球过网的高度。

●挥拍时拍头必须与球平行，挥拍击球的路线向上较平缓，击球时拍面几乎垂直地面。击球的正后部。

●击中球时拍面要有推球的动作。

●击中球后要牢牢地握住球拍，避免拍面摇晃。自然向前挥拍，动作要大，像要扛起拍子一样。

2. 上旋抽球

特点与作用：

上旋球是球拍自后下方向前上方挥动时摩擦整个球体使球产生急剧旋转的球，这种球是在击球时，加大向上提拉挥动的幅度，使球产生较为急剧的上旋。特点是飞行幅度高，下降快，落地弹起的反射角度较小，前冲

力较大。打上旋球最大的优点是便于加力控制，是正拍击球中既能发力，又能控制击球落点深浅减少失误的击球方法，其他击法容易失误，如平击球由于在快速跑动时调整精确的击球点很难，而上旋球有较大的把握性，另外，正拍上旋球的飞行路线呈彩虹状，过网后有急剧下降的特点，可以打出短的斜线球，能把对方拉出场外取得主动。上旋球还是破坏对方上网的有力武器。较低的上旋球能落在对方上网人的脚下，使其难以还击。

动作要点：

根据现在的常用姿势，上旋球的挥拍轨道就是描绘钟摆动的轨迹，应该使用整个身体扭转的力量将拍面向上拉起挥出，只要学会这个姿势，就可以击出充满力量的正手球。在上旋球成为主流的现在，能在任何场合击出上旋球是很重要的。

●击球时拍头的移动要快一点才能击出强有力的旋转球。

●击球时应在腰部的位置击球。

●将拍面向上拉起挥出球拍。

●将球拍扛在肩膀上挥到后方，但在挥拍动作中注意完成挥拍动作的时机。

3. 正拍削球

特点与作用：

和上旋球相反方向的是下旋球，俗称削球。因球是由上方向后方旋转并向前飘行，过网时飞行路线低而平直，落地后弹起也很低并伴有回弹现象，下旋球的落点容易控制，也可以打对方的深区，常用于随球上网，可以协调连贯地把随球与上网结合起来，利用球的飞行时间和深而准的落点冲至网前截击；也可以作为变换旋转和节奏的打法，扰乱对方的节奏，使之失误。

动作要点：

击球时使用大陆式握拍方法，球拍面稍向上倾斜，后拉拍的弧度尽量缩小。不必大幅度的拉拍。以自己的转体为准。挥拍是由后上方至前下方切削，打球的后下部使之产生旋转，切球时要与地面平行地做出动作。避免拍面下垂，因为大陆型握拍方法可以自然击出旋转球，所以不要有太多向下的意识，挥拍要一直做完才算完成。

●球拍朝上，摆出姿势拉拍。

●拍面稍微朝上触球。

●拍面可下垂。

●挥拍动作要大。

（二）反拍抽球

网球反拍抽球指的是与握拍手相反的落地球打法，它和正拍击球一样，也是网球的基本技术中最常用的击球方法。初学者一般先学习正拍后再学反拍，因为用右手的人习惯于在身体的右侧做事，正拍的拉拍动作既方便又容易，身体向右转动已成习惯。有了正拍的一定基础之后，就会对球的弹跳规律有一定认识，再学习反拍就比较容易。反拍的许多动作要领与正拍相似，只是方向相反，如图2－17。

反拍击球的动作要领：

●准备姿势

面对球网，双脚自然分开与肩同宽，双膝微屈，重心略向前，用非握拍手轻托拍颈，拍头与下巴齐平，双肘弯曲，将球拍舒适伸在前面，身体前倾，重心落在双脚上。当判断对方来球朝你的反拍方向飞来时，轻握拍颈的左手应该迅速帮助右手握拍变换为反拍握拍法。正拍若使用东方式的正拍握法或西方式握法，在打反拍时应变化为相应的反拍握拍法，不然反拍是打不好的。双手握拍的人，大多也都需要变化握法。

●后摆引球

向左转髋带动右手向左后方摆动，左脚向左转90度与底线平行，同时右脚向左前方上步，左肩对着球

图 2-17

网、手腕绷紧、后伸，双肩夹紧，右手拇指靠近左腿的上部。后摆时肘关节自然弯曲，下垂，重心移向后方的脚上。反拍的后摆动作应比正拍后摆更早地完成。单手反拍时，左手可轻托拍颈，伴随着向左转的协调动作；若是双手反拍挥臂，需要更充分的转体动作，右肩转向左侧的网柱。

●前挥击球

从后摆进入向前挥动时应紧握球拍，手腕固定，右脚与网成45度角，转动双肩、躯干和臀部，挥拍击球，反拍的击球点应在身体的左侧前方腰部的位置，击球时球拍与右脚应在一条直线上。击球瞬间，拍头的挥动最快，对准来球把球打正，肘部应伸直，球拍与手齐平，双眼盯住球，身体重心从后脚移向前脚。反拍上旋球的击球时拍头轨迹是自下而上的。

●随挥动作

球击出后，拍面平行于网的时间尽量长些，挥拍沿着球飞行的方

向前送，球拍随球向前的距离尽量长些，重心前移，落在右脚，身体也随着转向球网，挥拍到右肩上方结束（削击球则不同），完成好随挥动作有助于控制球的落点和方向。随挥动作要比后摆动作大而充分，从而保证击球动作的完整和稳定。随挥跟进动作结束，身体转向球网，迅速恢复原来的准备姿势，准备下一次击球。

1. 反拍上旋抽球

特点与作用：

在现代网球中，反拍的上旋球是必定会用到的击球方法。上旋球的最大优点是便于加力控制，尤其在快速跑动中，其他的打法容易失误，而上旋球则有较大的把握。因为，反拍上旋球的飞行路线呈彩虹状，过网后有急剧下降的特点，可以打出短的斜线球，把对方拉出场外取得主动，同时也是破坏对方上网的有力武器。

动作要点：

左手轻扶拍颈，借助转体，右肩侧身对前方，右脚向前方跨出，持拍手肘关节微屈并靠近身体，向后引拍。当球跳到腰高，持拍手借助腰的回转，球拍由后下方向前上方挥出，这时球是由后下方向前上方旋转，击球点在身体右脚侧前方，击球时拍面垂直地面，击球的中部偏下。击球后动作要向正前上方挥出，重心也由左脚移到右脚，同时手腕固定以及大幅的挥拍，结束动作要正面对网，放松并自然。

●在踏出的右脚方腰部的位置处击球；手臂要由下而上挥起，手腕加速用力。

●大幅挺胸的挥拍动作，要一直挥拍到头部后方才算完成。

●挥拍时身体重心必须从左脚向右脚移动。

2. 反拍双手抽球

特点与作用：

反拍双手大力抽球，这种打法可以隐瞒住对方自己抽球的方向，比单手击球更平稳更强，利用身体的快速旋转可以打出更有力的球速，如图2－18。在现代网球中，双手反拍的上旋球是很多选手采用击球的方法。

动作要点：

采取反拍的双手大力击球时，以平常心完成手腕动作是应有的心态，选手从拉拍到挥拍时，都应尽量使自身放松，使球拍能平稳地挥出，这时可加一点手腕动作。为了增加击球的威力，应该要利用身体的快速旋转。

●站姿的弧度要大一点，拉拍及转体要充分。

图 2 – 18

●利用身体回转的反动力，增加挥拍速度，身体重心必须从左脚向右脚移动。

●挥拍时不要太多考虑手腕动作，应尽量使拍头主动击球即可。

（三）单手反拍抽球

1. 单手反拍上旋抽球

特点与作用：

在现代网球中，反拍的上旋球是必定会用到的击球方法。上旋球的最大优点是便于加力控制，尤其在快速跑动中，其他的打法容易失误，而上旋球则有较大的把握。因为，反拍上旋球的飞行路线呈彩虹状，过网后有急剧下降的特点，可以打出短的斜线球，把对方拉出场外取得主动，同时也是破坏对方上网的有力武器。低的上旋球落在对方上网人的脚下，使其难以还击，如图 2 – 19。

动作要点：

最重要的是击球时相对固定手腕以及大幅的挥拍动作，重要的是应尽量使自身放松，拉拍及转体要充分，特别是过于用手腕力量，击球会不稳定，挥拍的动作必须大幅挺胸完成才能使球更有威力。

图 2 - 19

●在踏出的右脚腰部的位置处击球。

●手臂要由下而上挥起，但不要太多考虑手腕动作。

●大幅挺胸的挥拍动作，要一直做到头部后方才算完成。

2. 单手反拍平击球

特点与作用：

打反手平击球时，需要相当高的技术，这种技术也是非常具有攻击力的击球方法。其空中球速快，球落地后前冲力大，球的飞行路线较平直，打直线穿越球时特别实用。

动作要点：

这种击球方法应该注意的是要在腰至胸部高度击中球。因为这是最有利的击球高度，可是为了看准时机而等太久也不好。为了一击成功，平常就要反复练习，以便能掌握最佳击球时机。

●摆出能在腰至胸部击球的姿势，做好充分的准备开始拉拍。

●这种近击球要控制好姿势，避免身体摇晃。

●在处理高球时，不可以由上而下挥拍，应该采取平行击球，或由下向上打。

●在挥拍动作时，手腕不可以扭转，要向前平行挥拍。

3. 反拍削球

特点与作用：

与上旋球方向相反，下旋球的飞行路线是向下的直线，过网时很低，但可以打对方的深区（后场），落点容易控制，比较稳健和准确。常用于随击上网，可以协调连贯地把随击与上网结合起来，利用球的飞行时间和深而准的落点上网截击；也可以作为变换旋转和节奏的打法，扰乱对方取得主动，这是不可缺少的击球方法，也可以说这是最基本的击球方法。（图2-20）

图2-20

动作要点：

击球时使用大陆式握拍方法，球拍面稍向上倾斜，虎口放在拍把的上半面与左上斜面的交界线上，这种握拍法介于东方式正拍握拍法与反拍握拍法之间。以右肩膀朝前的姿势往后拉拍，拉拍的幅度要尽量大。把拍子扛到左肩，挥拍是由后上方至前下方削切，打球的后下部产生旋转，身体重心必须从左脚向右脚移动，拍头和腰肩的转速越快，越能获得力量和速度。切球时要与地面平行地做出动作。避免拍面下垂，不要有太多向下的意识，挥拍要一直做完为止。

●看准对方所站的位置，以及来球的位置的远近，站稳姿势。

●一面拉拍一面想象自己所要击出的球路。

●后拉拍的拍头一定要高于击球点高度，手腕翘起，拍头高于手腕。

●击球点力争在转肩后的肩部前方，挥拍的幅度很重要，送球时间长才能击出深球。

八、截击球技术

截击球是网前技术中的一种攻击性击球方法，当球在落地之前，将球击回到对方场区，它回球速度快、力量重、威胁大。截击球是网球运动员都应该掌握的技术，特别是在双打发球上网或接球上网技术中截击球是不可缺少的。概括起来，截击球的种类有：正拍截击、反拍截击、半挥拍截击、低点截击、高点截击、近身截击、截击高球等。

（一）正拍截击

特点与作用：

球的速度快，角度刁，封网的面积比较宽，可以变换多种击球方法。通过变换节奏来使对手回球困难，在双打比赛当中应用比较多。（图2－21）

动作要点：

两脚平行站位，比肩略宽，两膝微屈，上体稍前倾，脚跟提起，将球拍置于体前，注意拍头不要下垂，要保持拍头高于手腕，截击时转体的后摆动作不应过大，击球点应保持在身体前方30～60厘米，要向前迎击来球，击球时小幅度移动右脚，决定轴足的位置，腕固定、拍子应握紧，截击关键在于脚步向前跨步的动作。有时面对快速球时会无法往前跨步，但是，此时如果正面朝向来球的话，上半身转体左肩向前不拉拍，左脚向侧面滑动击球。

●等待来球时，要放松握拍的力量，于触球的瞬间抓住球拍的感觉。

阳光快乐体育

图 2－21

●当对方球飞来时，脚步迅速向前跨步迎球，球拍在脸的右前方击球。

●截击时应紧握拍柄避免球拍转动，随球动作幅度要大。

●迅速调整姿态迎接下次击球。

（二）反拍截击

特点与作用：

反拍截击球出球比较稳定，球击出后下旋比较多，和正拍一起应用可以封堵很大的场地面积，并通过手腕和力量的变化打出长短直斜的变化球来。（图2－22）

动作要点：

反拍截击时，自击球的开始到结束，要将持拍的手背撞向球的感觉推出。最重要的就是触球的瞬间，要保持拍头高于手腕，截击时转体的后摆动作不应过大，要向前迎击来球，击球时小幅度移动左脚决定轴足的位置，手腕固定、拍子握紧，不要做出扭转手腕等多余的动作。

●对方球飞来时，脚步迅速向前跨步迎球，球拍在脸的左前方击球。

38

图 2 – 22

●将拍头与球平行。在击球瞬间
要固定手腕。

●由于反手截击不易使力，脚步
向前跨步迎球动作就很重要。

九、高压球

高压球是一项强攻性技术，一般
来说打高压球就意味着得势、得分，
如没有这样的信念，那么掌握高压球
技术也就失去了意义，因为实际比赛
中打高压球的机会是不多的。

（一）高压球的特点和作用

高压球不是靠力气而是靠打点得
分的，是利用流畅的挥拍动作和判断
力，一般水平的选手很少有人擅长高
压球。最大的原因在于强烈的得分意
识而用力过猛。高压球可在网前也可
以在高击球点进行。高压球很难一拍
决定胜负，所以为了能在下一次来球
得分，应以八成的力量击球，优先考
虑球路、速度而非力量。认识过渡性
质的高压球也很重要。遇到身体无法

来到球的下方，姿势不稳的时候，绝不可勉强强攻。另外，面对远距离的高压球，飞得太高无法掌握先机的高压球或阳光太刺眼无法杀球时，就不要直接杀球，应等球落地反弹后再打。因此，只要利用流畅的挥拍动作和正确做出适当的判断，高压球就会成为拿手的武器。

（二）动作要点

1. 脚步动作

以侧向姿势迅速来到球的下方。决定右脚的位置摆好姿势。迅速后退，再以能往前跨出一步的时间击球。不论是杀球或对打，脚步动作一样重要。当对方回出高球时，我方身体应侧向面对球网，以交叉步移位。当你来到球的下方，则以小侧步调整，决定右脚的位置。可能的话，左脚往前跨出一步后再击球。对于网前的高压球，就不需要太大的动作，依然以小侧步移动。脚步动作不停是选择时机的必须条件。不让非执拍手闲置也很重要，非执拍手伸向来球，既可左肩转向来球容易取得和执拍手的平衡。

●以侧向姿势来到球的下方之后，左手指着来球的方向，左肩在前。以小侧步移动，开始挥拍之前决定右脚的位置做好准备。正面后退或击球，不能期待稳定的杀球。因此，须摆好侧向的姿势。

●只要左脚能往前跨出一步击球，就可以打出强有力具威力的杀球。为此，应尽快来到球的下方摆好姿势。

2. 挥拍动作

移动到球的下方摆好侧向的姿势。寻求高击球点伸直左手臂侧身击球。击球后要避免上半身失去平衡，积极迎击并挥拍到最后。千万不要就此等待球落下。应以主动迎球的意识，积极地迎击来球。如此，击球点也会拉高，也能流畅地挥拍，假如等待球落地的话，击球点容易偏低，球就容易出界，千万不要想加力而用力过猛。想得分，更应该放松挥拍。

●寻求比身体更前、更高的击球点，并且要挥拍到最后。如此挥拍，可以大幅度地稳定杀球。

●勿等球落下，击球点低时，挥拍会不顺利，无法打出具有威力的杀球。应伸直左手臂积极地转身向球，才能于高点稳定击球。就算是不擅长纵向挥拍的人，也应于自己的能力范围内在更高的击球点击球。

●面对各种高压球，固定击球点是稳定杀球的关键。为此，应该多多练习并掌握好击球点。

（三）高压球的种类

高压球的种类有凌空高压球、落地高压球、前场高压球、后退高压球、跳动高压球等几种，其动作与发球相似。若能依照不同的状况，分别运用这些高压球技巧，就非常理想了。

凌空高压球指的是不等来球落地，在空中就将其扣杀回去，此种球杀伤力极大，但击球者需具备良好的空中定向、判断能力及熟练而精准的脚步移动能力。落地高压则相反，一般是在来球虽高但飘忽不定或很难取到最佳点将其凌空击回去的情况下，让球落地反弹后再寻高点扣杀。前场高压因为位置靠近网前，所以基本上是应该得分的。后退高压一般是在上网后被对方反击一个过头球情况下的抢救性措施，虽看起来有些被动，但发挥好了一样可以重创对手乃至得分。跳动高压球是在为了争取更短的时间内将球回到对方场地并使球产生更大的威胁力而起跳扣杀。这里着重分析近网高压和后退高压。

1. 近网高压

动作要点：

高点击球必须及早准备，以侧向姿势迅速后退，拍头后拉至来球高度挥拍击球。回球要深，若有充足的时间，须后退再向前跨出，面对对手的半高球时，若无法在高点击球，此时不要强攻，应以回球落点为主。身体侧对球网时，球拍须配合来球的高度，一边向后拉拍一边快速调整脚步挥拍击球，随挥动作也须快速地往前挥出。虽是高点击球，也不可以由上而下扣拍，充分的击球姿势很重要。记住一开始就以侧身姿势、左肩在前，一边拉拍一边后退击球。

● 配合球的高度往后拉拍，维持此高度朝目标方向挥拍到底。

● 勿等球落下，可以大幅度地快速杀球。

2. 后退高压

动作要点：

面对远距离的高压球，需要一边后退一边跳跃击球。所以容易变成不自然的姿势。跳跃高压球时，迅速判断要一举得分或是为过渡性质的回击，是很重要的。当对手击出球时，应侧向转身以交叉步法后退。接着，右脚蹬地跳跃而起挥拍，左脚着地，掌握后退—蹬地—着地的节奏很重要。跳跃的时机和右脚蹬地开始挥拍的节奏是成功与否的关键。在练习中一般不需跳跃压高球，主要是以掌握高压球的时机和节奏。

● 右脚蹬地跳跃而起，击球后，

左脚着地。若想要在空中保持身体平衡挥拍到底，需要相当强的肌力。

●保持侧向姿势以交叉步伐往前冲。配合来球的时机，右脚跳跃而起的同时，也要挥拍。接着左脚着地。全身的节奏和跳跃的时机是决定跳跃高压球得分的关键。

●一开始利用近距离的高飞球或空挥球拍练习跳跃高压球。

十、挑高球技术

挑高球不仅是被迫使用的一项防御技术，而且它对水平较高的对手也是一种可怕的武器，它可以破坏对方的进攻节奏，改变对方回击球的速度。高球挑得隐蔽，能减弱对方在网前的优势，使自己从被动转为主动，因此，一定要重视挑高球练习。

图 2-23　挑高球技术

（一）进攻性挑高球

特点与作用：

主动上旋挑高球可以成为颇具威胁的进攻武器，利用此种球弧顶高、下坠急、落地后前冲猛的特点令球越过对方头顶以逼迫对方反身回追，这往往就是破网得分的一种，至少也可致对方于被动的境地。使用上旋挑高球的最佳时机是当你处于底线之后，或者一边移动一边击球的时候。此时，面对的场地面积是最大的（造成失误的可能性也相应减少了许多），而且移动的身体动作更容易打好上旋挑高球。而且，一旦对手能将球打得很深的话，往往会本能地待在网前，准备继续截击，而留出身后大片的空场。

动作要点：

挑高球动作要尽可能和底线正、反拍上旋抽击球动作一样。完成拉拍动作时，要使手腕保持后屈。在挥拍击球时，拍面垂直，拍头低于手腕的位置，采用手腕与前臂的滚翻动作，由后下向前上挥拍，做弧线型鞭击动作，使球拍在击球瞬间进行擦击，以产生强力上旋，击球点在身体侧前方，重心落在后脚。击球后，球拍必须朝着自己设想的出球方向充分跟进，随挥动作要放松并在身体左侧

结束。

（二）防守性挑高球

特点与作用：

在被动时挑高球不仅仅是度过危机的防御手段，只要运用得法同样可以获取得分的先机。即使是在被动状态下挑高球，但只要质量好，就同样可能成为进攻的前奏。一记成功挑高球的要素有：可以轻易越过对手的头顶，让他的球拍没有办法凌空扣到，落点足够深，迫使对手不得不转身跑向后场救球。能够打出这样的挑高球，机会也就来了。趁对手向后跑动的同时，可以游击到网前，准备用截击或是高压来对付回球。防守性高球亦称下旋高球，它飞行弧线高，比上旋高球更易控制，具有失误少的优点。掌握好了下旋高球，同样能不给对方在网前有扣杀的机会。

动作要点：

挑下旋高球和挑上旋高球一样，同样需要动作隐蔽，因此，它的握拍、侧身转肩、向后引拍应尽量与底线正、反拍击下旋球动作一致。击球时拍面朝上，触球是在球的中下部，由后下方向前上方平缓挥拍击球，似向前切推动作的击球法，为了更好地控制球的高度和深度，尽量使球在球拍上停留时间长一些，动作要柔和。

随挥动作和与底线正、反拍击下旋球一样，面对球网重心稍后，跟进动作要充分，结束动作高于上旋高球结束动作。

十一、削球技术

削球击球法主要是使球击出后产生下旋，球落地后弹跳低，迫使对手由下向上拉球，或使对手难于借助回球力量，击出平而快的攻击性强的来球。掌握了网球正反手削球技术，对于扩大击球范围和击球的稳定性很有益处。在网球比赛进攻或防守中能轻松自如的使用任何便利的攻击手段，无疑将扩大击球的控制范围，从而提高网球的竞技能力。一般来讲，在各种情况下，反手削球属于防守性技术，但根据其使用方法的不同，反手削球也具有进攻战略意义，它也可以成为一种很有力的攻击手段。例如，在实战中，遇到对方上网时，可先将球削到对方脚下，迫使对方无法反攻而只能回一般的高球，然后再向对方发起猛攻。反手削球都能发挥其效果，当需要高点击球时，当对方来球有角度且有旋转，遇到这些情况，擅长削球的选手都能十分有信心地对付这些球。

网球削球的动作小，主要是借对方来球之力将球削出。即使是在身体平衡遭到破坏的情况下，也仍然可以打出削球来。此外，反手双手击球的选手，当来球很远时，也可以双手变单手，采取反手削球的回击方法，从而扩大防守范围，有效地将球击回对方场地。能打出下沉球的削球技术，既可以在向前截击时使用，也可以在接发球时使用。还可以利用后摆的削球动作，出其不意地削出网前小球。因此，很好地掌握削球，无疑将扩大击球范围，提高竞技水平。

动作要点：

1. 握拍方法

握拍方法的不同，拍面也因此而变化，而且挥拍回击也会因此而改变。首先应以单手反手击球时使用的握拍方法开始练习，基本上是使用东方式反手握拍法，球拍拍面与反手单手击球的点相吻合，以左手支撑着球拍（右手选手）。只要是单手反手击球，无论是削球、平击球还是上旋抽球，基本上是以采用东方式握拍法为宜。

2. 引拍方法

为了能削出旋转球，实际上引拍方法比击球时的挥拍更重要。能否正确地完成后摆引拍，做好削球准备，决定着削球的成功与否。反手削球技

术的要点是：后摆引拍的高度、位置、完成向后引拍准备的时间早晚和削击球的时机。此外，还应注意以下五点：

●持拍一侧的手臂肘关节不能太低。

●绝对不能使用手腕。

●运用削球时，注意完成后摆时拍子所在的位置。

●后摆引拍时，只有做到左腋不打开，才能保证削球的挥拍动作是由内向外的挥动。

●向后摆拍要做到使肩触到下颌为止。

3. 后摆动作

在考虑削球挥拍动作之前，首先必须集中精力做好后挥引拍、摆好拍面的准备动作。只有做好引拍动作，才有充分时间，做到预测好时机之后再去削击球。

削球时，要让球拍自上而下走一条直线。如果球拍不是很好地引摆在肩口上，那球拍必然变成了沿圆环弧形线挥动，而不可能击出向下旋转球。无论是双反手击球，单手反手击球，还是打削球，都要注意提早后摆引拍，提早完成准备动作。

●看准对方所站的位置，以及来球的位置的远近，站稳姿势。

●一面拉拍一面想象自己所要击出的球路。

●在击中球时，注意力要完全集中在自己的击法，不要看对方，挥拍的幅度要够才能击出靠近对方的球。

十二、反弹球技术

（一）半场反弹球

特点与作用：

半场反弹球是在来球快升到上限之前将之击出。特点是可以在更早的时机处理球，不让对方有从容应付的余地，而且可以在精神上施压。可以用最短的时间随球上网。

动作要点：

必须尽快进入击球点，这就需要迅速的脚步移动，拉拍时，动作要小，出手要快，通常在腰至胸部高处击球，击球时，手腕相对要固定。因为是利用对方的球速借力击球，所以用自身的惯性也可以击出快速球。

●球反弹上升的时间，迅速进入击球点。

●等待来球上升到腰至胸部高的时刻击球。

●在来球上升到高点期之前击球，手腕不要用力太大，以自然的程序完成挥拍动作。

（二）底线反弹球

特点与作用：

面对对手击出的是深球，为了不至于退到场外回击，应运用反弹球来处理就是最好的办法。特点是面对深球不需要向后退，击球比较突然，在大幅度调动对方时能节省时间。

动作要点：

这个动作不需要向前跨出，配合时机挥拍送球的感觉是最重要的。但本方法容易变成不具备威胁的回击球，故需要避免回球过短。挥拍方面应注意姿势。由于击球点相当低，所以需要充分弯曲膝盖放低重心，而且还得小弧度的往后转身引拍配合时机击球。动作结束时，需小弧度收拍。初学者不习惯的话会觉得很困难，但是只要掌握好击球时机多多练习，很快就能掌握它的方法。

●降低重心，判断好击球时机，击球时不要抬起身体。

●球反弹之前开始挥拍，切不要等到球弹起时才做挥拍动作。

●一旦决定要打反弹球之后，应及早拉拍，尽快地准备击球，特别是精神一定要集中。

十三、放小球技术

放小球技术是一项必须掌握的技术。比赛或慢速场地的比赛中，应用得相当广泛。它是一种调动、干扰、牵制对方的有力武器。在比赛中配合运用放小球，可以更有效地发挥自己特长技术的攻击性，使自己的网球技术多样化，使对方不能专心于防守，调动和打乱对方的站位、击球节奏，而使自己各项技术得到充分发挥。在对方体力大幅度下降的情况下，运用放小球战术可以摧垮对方的意志，加快对方体力的消耗。

特点与作用：

放小球的目的之一是，当对手前后移动慢，网前技术差时，把对手从后场引至前场，创造进攻得分机会；另一个目的是，当对手站在后场或大角度跑出场外时，突然放小球，使对手来不及到位而得分。掌握了放小球技术，可使自己打法多变，令对手捉摸不定。

动作要点：

（1）当准备放小球时，击球前的准备动作与正、反拍抽球动作相同，球拍后引，侧身对网，拍头高于设想的击球点。

（2）侧身还击来球，击球时拍面稍开，动作柔和，触球点在球的下部，使之产生下旋，并适当的向前切推或上托动作把球击出，使球有适当的弧线落在对方球场近网处。

（3）用恰当的假动作吸引对方，以使之猝不及防，达到意想不到的效果。

第二节　网球运动的基本战术

从广义上理解，战术是指技术、意志、智能和体能素质在比赛中有针对性的综合运用。从狭义上讲，战术是指在比赛中运动员根据对方的打法、类型及技术特点而采用的各种技术手段与方法。

一、战术分类

（一）按项目分类

1. 单打战术

发球上网战术、接发球战术、底线战术等，它是运动员在一对一比赛时，为了夺取胜利，在规则允许的条件下所采用的各种方法和手段。

2. 双打战术

单打战术是双打战术的基础，在单打战术的基础上，双打战术注重两人技术的组合，心理的默契配合。

（二）按战术攻、防性质分类

1. 进攻性战术

进攻性战术是指以得分为目的的行为方法，它具有抢先争主动的含义，在网球比赛中，运用进攻性战术尤为多见。进攻性战术都是围绕如何

得分这一具体的行为目标而实施的。运动员在比赛中实施的大多是进攻性战术。我们在确定进攻性战术时，必须强调力争主动的意义。

2. 防守性战术

防守性战术是指在被对手进攻的情况下，通过个人行为或两人（双打）协作，阻止对手得分的战术行为方法，从本质上讲并不是完全处于被动状态的战术行为。这是因为比赛中有些阻止对方进攻的手段，同时也可能得分。因此，不能把防守性战术看作是一种被动战术。一般情况讲，防守性战术不仅有限制对手发挥特长的功能，而且也是争取有利条件的行为过程和寻找机会打击对手弱点的过程。在网球实际运用中，底线型打法的运动员运用防守性战术要多一些。

（三）按技术使用的顺序分类

按技术使用的顺序，可分为发球战术与接发球战术以及相持阶段战术。

二、基本战术方法

网球的基本战术方法，它适用于

各种打法类型的运动员。不同类型的打法，在具体的运用过程中，针对性和使用的技术手段有所不同。单打比赛的基本战术方法大致分为以下三个方面：

（一）发球及第三拍抢攻战术

发球及第三拍抢攻战术是网球运动员的重要战术之一。它充分发挥"前三板"的进攻技术，实施抢攻得分，或发球直接得分。

运用发球及第三拍的抢攻战术的要求：发球及第三拍抢攻的战术方法很多，运动员在选择发球及第三拍抢攻战术时一定要根据自己的打法类型和战术特点，精练两套发抢战术，发抢战术练不精不行，单调没有变化也不行，由于运动员的打法类型不同，发球及第三拍的抢攻战术方法也不同。如：上网型选手对底线型选手比赛和对上网型选手比赛时，发球及第三拍抢攻的战术方法就不能相同。因不同类型的选手弱点不一样，所采用的进攻手段也不同。而且同一类型的选手特点也不一样。如：上网型选手有的截击好，高压差；有的高压好，截击差；有的正手截击好，反手截击差等。所以，在比赛中运用发球及第三拍抢攻战术就必须有针对性地因势施谋。

（二）接发球战术

比赛中接发球处理得好坏，是比赛中能否取得主动，破对方发球局的关键，是关系比赛胜利与否的重要条件。

运用接发球战术的要求：

接发球的手段要多，抽、攻、拉、削、挡等各种技术都要掌握，并能根据场上情况，灵活运用。在全面的基础上精练两种接发球技术，以达到接发球抢攻、破对方发球局的目的。接发球后要迅速还原，做好连续击球的准备，迎击对手的第三拍抢攻，在思想上和行为上都不能打无准备之仗。

（三）相持阶段战术

相持阶段的战术，是依靠正、反手抽球、削球和上网截击、高压球等技术，充分发挥速度的优势，运用落点变化调动压制对方以达到攻击的目的。

1. 连续压反手突变正手的战术

用球速较快、落点深、角度较大的球连续击到对方反手，待对方将注意力集中在反手时，在突然以快速和角度较大的球攻击对方正手区域。

2. 连续攻正手突变反手的战术

用球速较快、落点深、角度较大的球连续击到对方正手，待对方将注意力集中在正手时，在突然以快速和角度较大的球攻击对方反手区域。

3. 交叉攻击左右两大角的战术

对方从右边击来的球，本方变线攻其左边大角；对方从左边击来的球，本方变线攻其右边大角，使对手在左右奔跑中击球，增加击球的难度。这种战术也要有变化，如：攻正手一拍，反手一拍；正手两拍，反手一拍；反手两拍，正手一拍等，真真假假、虚虚实实才能有较好的战术效果。

4. 放短球、攻底线相结合进攻的战术

对前后移动较差、中场技术尤其是截击高压球技术掌握不好的选手，采用放短球，迫使对方上网，再攻其正反手两侧或挑高球让其后退击球，从中攻击得分。

5. 创造机会，主动上网的战术

在相持中运用击球技术调动对手，当对手回球较浅或速度较慢时，抓住机会狠压一拍对方反手，然后迅速上网，选择好位置。运用正反拍截击技术或高压球技术，攻击对手的薄弱之处。

以上介绍的基本战术方法，并不是固定模式，而须在比赛中，根据临场的情况，灵活运用。

三、各种打法类型的基本战术方法

网球运动有各种不同的打法，不同类型打法的运动员在比赛中战术运用是不同的。比赛中，运动员根据不同的打法，采用的战术必须要有针对性，不能用单一战术对付所有打法。这里只介绍单打战术。

（一）上网型打法

上网型打法的战术指导思想是利用网前进攻为主要得分手段。其基本战术方法大致可分为：发球上网、接发球上网、随球上网、偷袭上网。

（二）底线型打法

底线型打法的战术指导思想是以底线正反拍抽球为得分手段，利用抽球的速度、旋转、落点的变化来创造进攻机会。主要的战术方法有：对攻、拉攻、侧身攻、紧逼攻、防反攻。

（三）综合型打法

综合型打法是以基本功扎实、技术全面为基础，根据不同的对手和不同的技术、战术掌握情况，灵活地变化战术打法。综合型打法攻与守的平衡，符合积极主动、机动灵活的战术要求。

第三章 网球训练快乐速成途径与方法

随着现代科学技术的不断发展和人们物质文化生活的不断丰富，网球运动正以飞速发展的势头，在世界范围内广泛开展，并已融入到体育爱好者的生活中。为了推进网球运动的发展，使网球运动爱好者更好、更快地享受到网球运动带给我们的乐趣，本章在撰写过程中吸收了网球运动发展的新思想，力求简明扼要、通俗生动，突出知识性、实用性、趣味性和可读性，使介绍的训练方法更具可操作性、更加简便易行。

第一节 培养球感的练习方法

初步接触网球运动的人常常会因为手眼协调能力较差、缺乏对球拍和球的控制力、自我判断及反应能力较差及缺乏时空感觉等因素造成不熟悉球性、缺乏"球感"的情况。上述情况的出现，常会极大地影响网球爱好者参与网球运动的热情。因此，采取各种简便易行的练习方法和一些趣味性的练习手段就显得极为重要。

一、用手抓抛球练习

（1）将球抛起，分别在落地前和落地后用双手抓住、单手抓住。

（2）用球筐或纸盒作为目标，直接将球投入其中，距离逐渐拉长，如图3－1。

图3－1

（3）左右手分别对地面连续拍打球，如图3－2。

图 3 - 2

（4）对墙抛球，球撞墙落地后先用双手接住，熟练后再用单手接住，如图 3 - 3。

（5）对墙抛球，球撞墙后不等落地，直接在空中分别用双手、单手接住。

图 3 - 3

（6）将球抛向身后，分别转身抓住落地球或空中球。

（7）将球向上抛，分别在原地转圈后接住落地球或空中球。

（8）两手各抓一球，同时抛起，落地后再用同侧手同时接住。熟练后，同时抛起、同时在空中接住球，如图 3 - 4。

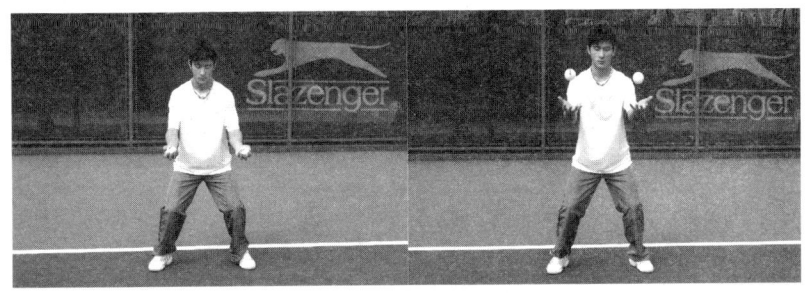

图 3 - 4

（9）两手各抓一球，同时左手抛向右边，右手抛向左边，在空中同时用异侧手接住球。

（10）两人面对面抛球，分别接住落地球或空中球，距离逐渐拉长，角度逐渐拉开（左右方向），如图 3 - 5。

图 3 - 5

二、单人持拍练习

（1）用球拍拍起地上的球或用

球拍与脚配合拾起地上的球，如图 3 - 6。

图 3 - 6

（2）用球拍向上颠球，动作熟练后，加上移动、转圈和按口令颠球（"低——低——高"等节奏）。

（3）颠球几次后，让球尽快停在球拍上，再将球向上送出，继续颠球，再停下，反复练习。

（4）向上颠球 5 次，落地后接起，再颠球 5 次，反复练习；熟练后，逐渐过渡到颠球 4 次、3 次、2 次、1 次。

（5）用正、反拍面依次连续颠球。最好能加上用球拍拍框边缘练习

颠球，如图 3 – 7。

图 3 – 7

（6）左右手同时使用两把球拍，分别练习颠球，如图 3 – 8。

图 3 – 8

（7）右手持拍从身后绕到身体左侧颠球，眼睛要紧盯住球，如图 3 – 9。

图 3 – 9

（8）向下拍球。开始拍一下等一下，过渡到连续向下拍球；动作熟练后，可移动球拍、转圈拍球、蹲下拍球等，如图 3 – 10。

图 3 – 10

（9）用拍框拍球至熟练，注意眼睛要紧盯球。

（10）对墙练习。面对墙 1 ～ 2 米，颠球 5 次，等球落地后将球轻打向墙，再落地接起，颠球 5 次。连续 10 个回合，开始颠球 4 次、3 次、2 次、1 次，最后过渡到不停顿地连续对墙击球练习。

（11）距墙 1 ～ 2 米，持球拍向上颠球 5 次后，将球轻打向墙，撞回在

空中接住，再颠球 5 次。连续 10 个回合，依次颠球 4 次、3 次、2 次、1 次，直至连续对墙碰击，距离可根据情况适当拉开，如图 3 - 11。

图 3 - 11

三、两人持拍练习

（1）两人间隔 3 米，一人颠球 5 次，落地后轻打向中间，另一人等球弹起后接住，再颠球 5 次。反复练习，10 个回合以后，依次颠球 4 次、3 次、2 次、1 次，直至连续多回合轻打。

（2）基本同上，只是颠球最后一次时，直接轻打向两人中间，依次连续练习，直至连续多回合轻打。

（3）两人用一把球拍。一人颠球 3 次后（低——低——高），把球拍交给同伴，在球落地之前接住，再颠球 3 次。反复练习这一动作，直至颠球 2 次、1 次换拍。

（4）两人间隔 1 ~ 2 米，一人颠球 5 次，不落地直接送给同伴，同伴在球未落地之前接起，也颠球 5 次，再回送对方。10 个回合以后，依次颠球 4 次、3 次、2 次、1 次，直至连续多回合不落地轻打，距离可逐渐拉开（也称截击练习）。

（5）一人将球停在球拍上，轻送给同伴，待球落地弹起后，同伴接住，颠球 1 次，并迅速将球停在球拍上。反复练习至熟练。

（6）两人用两个球，隔网各颠球 3 次，同时送向对方，球弹起后各自再颠球 3 次，反复练习至熟练。

第二节　握拍、发球技术与接发球技术快乐速成途径

一、握拍方法快乐速成方法

采用什么样的握拍是初学者面临的第一个问题，握拍的好坏直接关系到击球效果，网球握拍有大陆式握拍、东方式握拍、半西方式握拍、西方式握拍等。握拍方法需要根据自身的身体条件来挑选适合自己的握拍方式。建议以握拍稍深的东方式握拍法来打正拍；至于反拍击球，无论是单

手或是双手握拍，通常建议采用大陆式向左稍深的握拍法；而发球、截击时，选择比大陆式握拍更浅一点的握拍方法，目的是使肘关节容易向内侧旋转。

练习握拍方法时，在教学及练习时可采用辅助性质的练习方法，如以右手握拍为例：（1）首先左手握住拍肩，右手旋转拍柄，边旋转边注视自己的动作，突然停止后检查自己的握拍方法是否正确；（2）采取同上步骤，只是将球拍放置体后旋转，停止后将球拍转至体前检查握拍情况；（3）将球拍放置地上，迅速捡起并选择握拍方法，检查握拍是否正确。

二、发球技术快乐速成途径与练习方法

发球是网球基本技术之一，也是网球比赛中唯一由自己掌握、不受对方影响的技术。发球技术基本动作环节由握拍法、准备姿势、抛球与后摆引拍、击球动作和随挥动作构成。相对其他技术动作来说较为复杂，所以学习起来压力较大，不过只要抓住其中的关键要素并用以下的练习方法来练习，就会迅速掌握发球技术。

（一）抛球练习

（1）抛球时注意千万不要用手紧紧地握住球向上抛，否则可能产生抛球过高和抛球不稳的问题。因为抛球过高不仅会使击球点散乱，同时难以把握击球节奏，并且手腕发力会使抛球动作过大。这里向大家推荐一种像端起盛满水的杯子那种状态的抛球方法。拇指和食指在上，把球当做杯子那样握住。这种握法不易犯手腕发力过度的毛病，也不会使抛出去的球过高。

（2）抛球练习可以由个人独自完成。采用正确的发球站位，在底线位置放一支球拍，如果是右手持拍者把球拍放在靠近自己身边左边一点的位置。放好球拍，把拍头对着球网，拍柄向后。用非持拍手抛球，并让球落地，抛球的目标就是在抛球后使球下落到球拍的拍弦上（图3－12）。

（3）为使抛球稳定可做如下辅助练习方法：抛球者面向墙壁站立，注意抛球手臂伸直后距离墙壁大约10厘米，做发球的准备姿势，将球竖直向上抛弃，若抛出球后，球还能竖直落回到抛球者手里则为好球（图3－13）。

图 3 - 12

图 3 - 13

（二）挥拍击球与抛球协调练习

准备两个球，以正确的发球姿势站立底线。右手持拍者左脚对着右侧网柱，右脚大致与底线平行。

两只手分别拿着 1 个球、左手正常向上抛球，瞄准这个抛起的球，右手将球抛出，争取击中抛起的球（图 3 - 14）。

（三）挥拍练习辅助方法

（1）可先面对着挡网，然后在侧身站立将球拍放在身后，练习将球拍向前上方挥出伸直，并用拍边轻拍后挡网（图 3 - 15）。

（2）同上面介绍的一样，改用拍面来轻打后挡网（图 3 - 16）。

（3）采用正确的发球姿势，面对墙或挡网站立。球拍放在持拍手的肩关节后，肘关节弯曲，非持拍手抛球，用球拍去击球，轻轻地用球拍把球打在墙上或挡网上（图 3 - 17）。

图 3 – 14

图 3 – 15

图 3 – 16

图 3 – 17

（4）站在球网附近将球拍放在身后，抛球并将球击过网。

（5）做整个发球的挥拍动作，双手配合。

（6）在近网处练习一次发球挥拍动作，练习一次发球（图3-18）。

图3-18

（7）逐渐向底线后退。

（四）完整发球动作辅助练习

（1）找一个小凳，分别放置在发球线后、中场和底线后。练习坐着发球，体会稳定重心后手臂、手腕击球时的动作感觉（图3-19）。

图3-19

（2）短距离发球练习：从发球线而不是从底线开始发球。把更多的精力注意到发球技术而不是发球的力量上。在退到底线发球之前，每次必须做20次这样的发球。

（3）在网球墙上画一条与网齐高的线，并标出中心拉带线。在中心拉带线两侧间隔2米处的横线上方各画一条竖线；然后距墙6米左右，对墙练习发球，并分别发向两个目标区。随着技术的提高，发球位置可逐渐后移，最后移至距墙10米左右，同网球场上的实战发球相似（图3-20）。

图3-20

（4）在发球线后蹲下，左手抛球，右手持拍由下而上挥动，将球击到对方发球区内；待基本掌握后，由发球线后移动2~3米，再继续练习蹲下发球；最后移动至底线，练习蹲下发球。这种方法简单易学，便于初学者在击球过程中着重体会向上——向前——向下挥拍的感觉。

（5）在发球线后站立，练习向对方发球区发球。主要体会向下挥拍击球的感觉；练习至熟练后，向后移动 2～3 米，继续练习，体会向前——向下挥拍的感觉，最后移至底线处练习发球，体会向上——向前——向下挥拍的感觉。

（6）目标发球练习：在发球区内的 A、B、C 三个位置上放三个小锥体或三个球塔（三个球在底下，一个球在上面形成的球塔）。这三个位置就是：内角、发球区的中间位置和外角。在每次发球之前，先确定一个发球目标，然后在再朝着选择的目标发球。如果你打中了目标，那么就要先把标志物摆好再练习下一个发球。一个目标完成 5 次后再练习一个目标。

三、接发球技术快乐速成途径与练习方法

接发球其实就是打正常的落地球，但是在对付一个发球好的球员时，接起来就比较困难。一个发球好的球员会有较高的一发成功率，并且让你不断地猜测下一次发球的类型。稳定的接发球关键是要在正确的位置上等球，保持双脚不停地移动，并做简短的后引拍动作。根据对方的发球或在与不同类型的球员比赛时，你可以采用不同的接球方法。

（一）徒手接球

两人隔网站立，一人送球，一人练习接球。要求练习者用双手接球，当球过来后，尽量的接近球。送球者本着从易到难的原则，先一边一个送落地反弹球，逐渐加快和增加角度，从有序到无序。

（二）短距离的发球和接发球练习

双人配对练习。一名球员是发球者，另一名球员是接发球者。发球者在发球线的位置上发球速中等的球，接发球者做分腿垫步，并做简短的后引拍动作，在球落地后打接发球，几乎是把球挡回去，然后做随挥动作。每个区做 20 次练习，然后双方交换角色。

（三）步法练习

对三种不同距离的球进行步法练习。对离自己较近的球，直接用开放式步法；对离自己较远的球，先用交叉或封闭式步法；对离自己再远的球，先用同侧脚移动半步，再用交叉步或封闭式步法接球（图 3－21）。

（四）挑战国王或王后练习

这个练习可以有 3 名以上球员一起参加。一名球员作为国王或王后开始，而其他的球员作为挑战者，他们要尽量把国王或王后推翻。第一名挑战者在平分区开始，向国王或王后发球，就如正规的比赛一样，挑战者有

两次有效的发球机会。如果挑战者赢了这一分球，他（她）就从占先区开始接着发球。如果挑战者输了这一分球，就轮到下一个挑战者开始挑战。第二名挑战者也是从平分区开始发球。如果挑战者在一次挑战过程中赢得平分区和占先区的两分球，那么他（她）就成为国王或王后，而被打下台的国王或王后就加入到挑战者的队伍中去。

图 3 – 21

第三节　正手、反手截击技术快乐速成途径

在现代网球运动中，截击技术将取代反弹球和消极等待的底线长抽球，而成为网球竞赛中的一种主要打法和进攻武器。对于初学者，在学习截击球技术时，不要因困难而畏缩，它不仅能提高球感，而且能提高你学习打网球的兴趣。

一、挥拍练习

（一）对镜练习法

练习者对着镜子，结合步法分别练习正手截击动作和反手截击动作，注意动作的规范性。

（二）背对墙壁练习挥拍

紧靠在拦网前站立，背对场地。保持这个姿势做截击挥拍动作，如果挥拍触到了拦网，说明后挥引拍动作过大。多次练习挥摆到球拍不触到拦网，一定可使挥拍动作自然到位（图3 – 22）。

二、截击动作辅助练习方法

（一）两人隔网练习

开始时主练方双手在身体前方，同伴投球，主练方用右手抓球。抓球后，手要保持抓球的动作，对于反手截击来说，用手的背面来练习与球相碰，或伸手抓球（图3 – 23）。

图 3 - 22

图 3 - 23

（二）抛球截击练习

这是一个双人配对的练习，双方球员面对面站在距网 3 米的位置。这个练习不需要网球拍，只要球就可以。一名球员为送球者，另一名球员为接球者。送球者用下手抛球把球抛到接球者的正手侧，接球者在送球者抛球的瞬间做分腿垫步，非持拍手侧脚上步，在身体前面用持拍手把球接住，手背朝着后挡网，接球者手臂应该伸直。重复 10 次后双方交换。

（三）抓住球拍颈并设法用球拍拍面接球

此时迈步要与击球相一致。握拍逐渐向球拍拍柄处过渡。为防止过分的后拉拍，击球者可靠近挡网处进行向后拉拍练习（图 3 - 24）。

图 3 - 24

三、截击技术练习

（一）一人对墙练习法

（1）对墙距离 2 米左右，用球拍颠球 5 次，然后正手将球推送上墙，再用球拍接住球颠 5 次。连续 10 个回合后，改颠球 4 次；再连续 10 个回合，改颠球 3 次，依次类推，直到直接与墙进行正手截击练习。

（2）方法同上，进行反手截击练习。

（3）分别进行正反手依次对墙截击练习。

（4）随着对墙练习熟练程度的提高，逐渐与墙拉开距离，进行正反手截击练习。

（二）两人的截击练习

（1）两人间隔 2 米左右，一人用拍颠球 5 次后，将球传送给同伴；同伴接住球也颠球 5 次，再送回对方。练习 10 个回合以后，依次颠球 4 次、3 次、2 次、1 次，直至双方直接连续颠球练习。待练习至熟练后，距离可逐渐拉开。这种方法一般先从正手截击练习开始，然后再进行反手截击练习。

（2）两人在网前相距 3 米左右，进行直接的连续正手截击练习。然后再进行反拍直线截击练习，距离可适当拉开。

（3）两人在网前相距 4 米左右，沿斜线隔网站立，交替进行正反拍连续截击练习，距离可适当拉开。

（4）一人在网前，一人在底线做做 1 对 1 的连续截击练习。（图 3-25）

图 3-25

（三）向目标截击

送球者向截击者连续续送球。首先用正手回斜线深球和直线球至不同目标，接着回斜线浅球和直线浅球至不同目标，然后反手截击重复这一练习。

（四）网前截击——底线抽球练习

双人配对练习。在这个练习中，一名练习者应该在网前开始，而另一名球员在对面球场的底线。网前球员打截击球，底线球员打落地球。做到连续 20 次击球后，双方交换角色。

第四节　挑高球与放小球技术快乐速成途径

一、挑高球技术快乐速成途径

挑高球其实就是打落地球，通常在底线打，把球挑得又高又深。打挑高球的情况有很多，最常用的时机是当对手在网前，你想打一记越过他（她）头顶的高球或是想让他（她）打一记难度大的高压球。打挑高球的另一个好时机就是，在对拉过程中，当你被对手调到场外想为自己赢得更多的回动时间时。打挑高球其他情况：对手的高压球技术不好；对手不擅长处理落地后弹得很高的球；一记高效的挑高球是既要能够化解对手的进攻又能在这一分中给自己创造进攻的机会。

（1）一人挑高球练习：找一堵较高的墙，设定一个目标，在离墙10米左右对墙挑高球。要求球在通过最高点下落时，尽量碰到墙上设定的目标，反复进行正反手挑高球练习。

（2）站在底线后边，自抛球，用正手做挑高球练习。要求使球的落点靠近底线附近。

（3）一人在网前送球，球速由慢到快，位置由中间到两边，一人分别用正反手做挑高球练习。

（4）两人挑高球和高压球练习

①两人都站在固定位置，一人在底线中间，一人在网前中间，进行可控制的挑高球和高压球练习。尽量做到连续多回合不失误。然后两人交换练习。

②一人在底线送出高球，网前的同伴用高压球技术分别击向左侧、中路、右侧，底线的同伴迅速移动，并挑高球到网前，再让同伴用高压球回击。反复练习，然后两人交换。

（5）相互挑高球练习：这是个双人配对练习。在这个练习中，双方球员在球场的两边底线开始，互相打不同类型的挑高球，每次击球要尽量把球挑过对面的发球线。

（6）挑高球练习：双方球员在球场的两边底线开始一方球员可以打任何类型的球（任何速度旋转和（或）高度的球），而另一方球员始终只能挑高球，做10次后，双方交换角色。

二、放小球技术快乐速成途径

放小球技术是最有趣和最优美的击球技术之一。放小球可以帮你创造

进攻机会，改变比赛节奏能使你的其他击球技术更加有效。需要切记的重要一点是，在比赛中不要过多地使用放小球技术，否则就失去了出其不意的效果。

（1）用球拍接球练习：两人一组，在任何一个空旷的场地都可以完成。一方球员为送球者，另一方球员为接球者，双方面对面站在相隔4.5米的位置开始。送球者用下手抛球给接球者，接球者要用球拍反拍接球，在接球时尽量不要让球弹起，直到把球停住为止。这个练习可以帮助找到吸收和停止来球撞击力的感觉，做10次后双方交换。

（2）对墙练习：在距墙3米、6米、9米处，分别进行落地一次、落地二次、落地三次的正、反手对墙放小球练习。

（3）自抛球做放小球练习：站在离球网大约3米的位置，抛球后做放小球练习。目标就是使球到达对面后发球线之前弹跳4次，并确保做随挥动作和给球施加下旋。做12次，然后换反手侧练习。

（4）一次对墙抽击球练习，一次对球放小球练习，依次反复连续进行练习。

（5）两人在发球区的小场地上轻打练习。先落地一次轻打，再进行落地两次轻打。做多回合连续的放小球练习。

（6）教练在底线送多球，学生在网前做放小球练习。

（7）教练在底线送多球，学生在底线做放小球练习。

第五节　底线抽球、反手削球及高压球技术快乐速成途径

一、底线抽球技术快乐速成途径

（一）单人练习方法

（1）对着镜子进行徒手挥拍练习，巩固、熟练正确的正反手挥拍

技术。

（2）原地面向挡网站立，自抛球，用正手打不落地球。打一定次数后，再打落地反弹后再下降至腰高的球。（图3-26）

（3）原地面向挡网站立，进行反

手的自抛球落地击球练习。

图 3 – 26

（4）站在底线后，用多个球练习。分别练习自抛自打练习正手击打不落地球过网，然后击打落地球过网。

（5）对墙稍远站立，正手击打落地球上墙，反弹落地两次后，再连续正手击打，反复练习，然后练习反手击球。

（6）与墙保持一定距离，进行正手连续击球，在保证技术动作完整的基础上，争取多打几个回合而不失误，再进行反手练习。

（二）两人练习方法

（1）一人面对挡网 3 米左右站立，另一个人背靠挡网正面抛球，让同伴进行击球练习。视掌握动作的熟练程度，逐渐拉长击球距离，反复练习，然后进行同样的反手击球练习。（图 3 – 27）

（2）一人站在底线中间，另一人站在前方相距 3 米左右的地方抛球给

他，让其进行多球的正手击球练习。一定次数后，再后移 3 米抛球，反复练习。交换练习时，可进行同样的反手击球练习。

图 3 – 27

（3）一人站在底线中间，另一人站在网前用球拍送多球，让同伴进行正手多球练习，然后进行反手击球练习。在练习过程中，送球的落点逐渐向两侧移开，加大难度。要求每次击球结束后，迅速回到底线中间，准备下一次击球。

（4）一人站在底线中间，一人站在网前送正手球，并截击过网回球，将球再次送到练习者身旁，让其进行连续多回合的正手击球练习。随后交换，进行反手击球练习。

（5）在发球区进行小场地对击落地球练习。将球尽量打在发球区内，分别进行连续多回合正手击球和反手击球，然后再进行正反手交替击球练习。

二、反手削球技术练习方法

（1）一人站在网前，练习者在网后 3 米左右，轻轻地反手截击教练手抛的球过网，进行反复练习。

（2）练习者站在发球线后，反手削击教练用球拍送出的落地球，进行反复练习。

（3）练习者站在底线后，反手削击教练用球拍送出的落地球，进行反复练习。

（4）对墙进行连续的反手削球练习，要求由远到近，由轻到重，反复练习。

（5）两人分别站在场地的对角线上，进行从近到远的反手削球连续练习。

三、高压球技术快乐速成途径

（1）对着镜子练习高压球挥拍动作，注意保持左手充分上指、球拍上举的击球前准备动作。

（2）练习后退高压球的侧后交叉步法。

（3）对墙 6 米左右站立，发球击向墙根前 1 米左右的地面，待球反弹向墙再飞向空中时，用高压球技术将球再击向墙根地面，又弹向空中时，再练习击打高压球。以这种方式连续练习高压球时，应注意开始时要由轻到重、由近到远地击球。

（4）自抛高球，待球落地反弹后进行高压球练习，然后再进行不等球落地的高压球练习。

（5）教练在网前高凳上手抛高球，让练习者进行连续的高压球练习，并逐渐增加前后左右移动的高压球练习。

（6）学生在网前高压球后，迅速上前碰网一次；再立即后退高压击打教练抛出的球，然后再上前碰网。反复练习。多体会后退高压球的步法。

（7）练习者在网前，教练抛送高球，要求练习者等球落地弹起后方可做高压球练习。

第六节　攻防技战术快乐速成途径

同其他很多对抗性体育运动一样，网球也是攻防的艺术。在练习者初步掌握网球各项基本技术后，总会迫不及待地进行攻防技战术练习。而具备了基本的攻防技巧后，你就会充分体会到网球运动所能带给你的

乐趣。

在了解了网球的基本战术运用后，下面为你归纳了在网球场上，底线 VS 底线、底线 VS 网前（封网）、网前 VS 底线（破网），三种情形下如何选择最恰当的技术，实现战术和赢球目的的方法。

一、底线 VS 底线

（1）对手的斜线回球较浅时，这时打直线会让你下一拍有更充分的准备时间，因为此刻对手的位置要想补防直线跑动的距离无疑更远。这种情况一般不选择打回头球去搅乱对手的脚步，最有效的就是，直线致命一击！

（2）调对手到底线的一端，当对手强行在一侧用直线回球时，你只要预判准确准备充分，就可以大胆抢点回大角度的小斜线，令对手猝不及防。

（3）先击一拍对斜线深球给你的对手，对手在应付你的斜线深球时，不得不顾及你可能在下一拍变出直线。因此，他在自己回完斜线球后，下意识地要向球场的中间靠。这个时候，你用小斜线打他回头，将令他脚步大乱。

（4）对手回了一个没有压迫性的

球到你反手位时，不要懒得动脚步，绕过球，侧身准备打正手，对手在一瞬间很难读懂你将要回球的路线。你既可以打出正手直线，也可以打出正手 INSIDE－OUT，总之这将使你的回球充满了欺骗性。之后，你就可以掌控球场中央。

（5）在开局或是相持阶段，不管你用正拍还是反拍，朝对方反手三次不温不火的攻击后，对手也许坚持了下来，但内心势必会觉得烦躁，这时，你再突然改用斜线偷袭他正手，就很可能引燃对手胸中的怒火，造成失误。这不仅能助你轻易得到一分，还很可能令对手变得越来越抓狂，此后对手若不能及时调整好自己的心理状态，会对你非常有利。

（6）如果你的对手是以发球见长的打法，通常，他们都擅长利用发球速战速决。对付这种大力发球手的发球时，你把回合拖得越长，那么他的压力就会越大，犯错的概率也会随之大增。

（7）如果你觉得很不幸，被对手左右调动时，不要慌，当对手占据球场主动，调动你的对手其重心往往会不自觉地向前移。对你而言，搏杀直线或者小斜线风险太大。相反，假如朝着底线中心点刺杀一拍深球，就有

可能令对手站位靠前的脚下避让不及，进而造成回击失误或回击质量下降。

二、网前 VS 底线（封网）

（1）对手的来球很快、很重时，挡直线你可以充分借到来球的全部力量，同时让截击的落点位于对手身前，从而限制了对手下一拍的穿越角度。

（2）对手击直线穿越球时，在不能确保直接得分的情况下，绝不轻易截斜线，这样风险太大，一旦无法直接得分或是完全控制对手，那么你留给对手穿越的空当就非常大。相反，截击直线深球可以保障你始终压制住对手。

（3）在你准备随球上网前，击出一记高弧线高弹跳的上旋球给你对手的反拍，将令对手无法打出有穿透力的回球。

（4）对手的挑高球落点在你左肩上方（假设你是右手持拍），这时，这样的高球位置令你很难用上全部身体的力量，与其费力不讨好的用反手，不如用正手手腕的力量，顺势朝身体外侧斜前方打一个 INSIDE-OUT 高压，撕开对手的反手防线。

三、底线 VS 网前（破网）

（1）当前方出现了大片空当时，

面对上网型的对手，你需要加速直线，低弧线穿越，避免穿越球在过网前飞行时间过长、弧度过高。穿越的理念是，既然你选择了直线，就一定要一次性得手。相反，打斜线穿越要的是弧度和角度，同时，你还要做好打第二拍穿越的充分准备。

（2）对手网前位置较好，穿越没有明显空当时，仅凭这样的站位就很可能让你顿时感觉无处可逃，极容易逼迫你回球失误。遇到这种情况不要慌，一种好办法是，用上旋提拉对手脚底，侵入对手与网带之间的些许空白地带，强迫他不得不从下向上地"撬"球，这样一来，你就为下一拍穿越创造了好机会。

（3）在户外球场打球，当对手面向太阳时，用一记下旋挑高球则是最佳的选择，下旋挑高球的最大特点是，球在空中飞行时间长，且垂直落差大。这时面向阳光的对手，要想长时间地对着太阳盯准球，肯定是件极其困难的事。

（4）当你被对手拉出球场时，一般的高球已经救不了命了，所以，你必须使出浑身力气向天上把球挑高，这样既是为自己赢得回位时间，又增加了对手高压的难度。

第七节　网球专项身体素质训练方法

网球运动对参与者身体素质要求较高，是一项由许多个短时间、高强度的剧烈运动和短暂的间歇组成的运动。一场职业网球比赛常常要耗费3~4个小时不等，作为职业球员，身体素质训练的重要性毋庸置疑。而对于业余球员来说，身体素质训练也是不可或缺的，因为若想在短时间内提高网球技战术、享受网球运动带给你的乐趣则必须以良好的身体素质为基础。进行必要的身体素质练习不但可以预防并减少伤病的出现，而且能不断单打提高自己运动技术水平，更好地体会网球运动的魅力。在参加网球运动之初，我们应本着"为享受网球运动带给我们的乐趣而锻炼身体和为锻炼身体而参加网球运动"并重的原则来进行身体素质训练。

图 3 - 28　俯卧撑

图 3 - 29　蹲跳

（3）腰腹力量练习方法：仰卧起坐、仰卧举腿、仰卧两头起、实心球练习。

一、力量素质训练的内容和方法

（1）上肢力量练习方法：俯卧撑、俯卧撑双击掌、引体向上、哑铃练习。

（2）下肢力量练习方法：单足跳、双足跳、蹲跳、负重蹲起、跑台阶。

图 3 - 30　仰卧起坐

二、耐力素质训练方法

（一）持续负荷法

（1）匀速跑。

（2）变速跑。

（3）超越跑。

（4）折返跑。

（二）间歇负荷法

（1）400米、100米快速跑、100米放松跑，反复进行。

（2）40秒左右的各种连续跑。

（三）重复负荷法

（1）6~10组400米计时跑。

（2）不同强度的重复练习。

（四）专项训练法

结合步法和挥拍的跑动练习。

三、柔韧素质的训练方法

（1）快步走、慢跑、用脚尖慢跑、慢慢跳绳、简单的自行车练习等等，直到出汗。

（2）双腿盘起坐在地上，按下列顺序做伸展动作：使颌（下巴）触胸，向天上望，向右肩方向侧看，向左肩方向侧看，用右耳触右肩，然后左耳触左肩。每个动作至少持续10秒。此外，也可站立做此运动。

（3）肩部伸展：用左手抱住右肘，将其向胸部拉，用手推肘来达到三角肌的收缩，持续5秒，将肘入于头后重复做。左右肩变换进行（图3-31）。

图3-31

（4）三角肌伸展：用左手抱住右肘，在头后拉肘部。随后向左侧屈曲躯干，直到有牵拉的感觉，持续30秒。同样方法做另一侧（图3-32）。

图3-32

（5）肘和腕的伸展：防止网球肘的重要部分。肘伸直，掌向上，用另一只手慢慢地将手腕后伸（伸展）将手掌向下并慢慢地将手腕向下伸。这两个练习可达到牵拉手臂前、后部肌肉的目的。左右手都要做（图 3 - 33）。

图 3 - 33

（6）股四头肌伸展：直立，且左手握住左踝，持续 5 秒，慢慢地将左脚跟向臀部拉。重复做另一边，每边持续 30 秒（图 3 - 34）。

图 3 - 34

四、灵敏素质练习

（1）教练员两臂张开，左右手各持一球，随机放球，练习者在球落地之前抓球（图 3 - 35）。

图 3 - 35

（2）快速捡球：在中点线后放一个球筐，在端线的两个角上、发球线的中间和两个角上分别放几个网球，练习者从中点线出发分别将各处网球捡回球筐。

（3）躲闪练习：两人一组，距离 3 ~ 5 米，一人用乒乓球或羽毛球向另一人投掷，另一人躲闪。

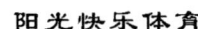

第四章 网球运动综合知识

本章主要阐述网球运动的价值、网球运动的几大赛事、网坛名人的简介及网球运动不同流派的打法，简单介绍了网坛家族的其他成员——软网和短网，以及如何欣赏网球之美。

第一节 网球运动的价值

网球是一项具有无身体接触、运动强度适中、竞争性强、娱乐性强、多在户外进行等特点的运动，无论是6岁的儿童还是80岁的老人，无论是男还是女，都可以从事网球运动。网球是为数不多的、容易被所有人接受并可以伴随一生的体育项目，是真正的"Sport for all"。

一、网球运动的健身价值

经常系统地、科学地参加网球运动，能促进人体机能的发展，能够改善人体健康水平和提高工作能力。参加网球运动，不仅在技术方面能得到提高，体能方面也会发生明显的变化。通过奔跑、各种步法的移动、正反手挥拍抽击球、上网截击球等技战术的运用，能使身体肌肉均衡发达，身体能力、肌肉力量、调节能力等身体整体协调能力都得以提高。

（一）促进人体机能的发展

我们知道，打网球时需要对来球的弧度、速度作出准确的判断，并联想到落点，然后作出相应的移动和跑动；在挥拍回击的瞬间，还要根据对方的位置、身体姿势、可能做出的反应动作等决定自己的击球动作和方向，这一系列的行动都是在大脑的指挥下在瞬间完成的。所以，经常打网球可以使神经系统的灵活性和持久性得到很大提高，能使我们保持充沛的精力，增强记忆力，提高工作、学习效率。

经常从事网球运动，对运动系统

能起到积极的促进作用。打网球可以使骨骼的新陈代谢加强，血液循环得到改善，使骨骼更加粗壮、坚固。打网球可以使肌纤维变粗，肌肉变得更加结实，力量增强，反应迅速、准确、协调。经常打网球可使关节更加灵活，能承受更大的负荷；使关节活动的幅度加大，身体动作更加舒展。

经常打网球使得循环系统的机能得到改善，使心脏得到较好的锻炼，收缩力加强，血液输出量大大提高，心脏跳动频率减慢，同时也使血管保持良好的弹性。

打网球可以改善呼吸系统的功能。首先，参加网球运动需要在场上不断地奔跑，促使呼吸加快，锻炼了呼吸肌，使呼吸动作的幅度加大，这样就能保证有更多的空气在体内交换。其次是肺活量增大，肺活量可比一般人多 1000 毫升左右。再次是呼吸深度提高，频率减慢，一般正常人每分钟呼吸 20～18 次，经常打网球的人，呼吸深而慢，每分钟可以减少到 8～12 次。深而慢的呼吸可以使呼吸肌得到更多的时间休息，使人工作持久而不易疲劳。

（二）调节情绪，振奋精神

打网球一般在室外进行。经过一天的紧张工作和学习，每个人的身体与精神都感到有些疲劳，这时如果去参加网球活动，展现在我们面前的往往是一幅自然画卷，犹如投身在广阔的天地之中，既有搏击长空的豪情，又有心旷神怡的自由之感，使人的心情自然舒畅。再者，网球运动的活动内容丰富多彩，时而在底线对攻，时而上网截击，跑、跳、移动、挥等各种动作集于一体，参加者的情、意、行等身心要素可渗透到每一个动作之中。一种美好的心情，比 10 服良药更能解除生理上的疲惫和疼痛。

（三）促使中老年人延年益寿

人的衰老、死亡是不可抗拒的，但推迟衰老、延年益寿是可以争取的。参加网球运动能使人推迟衰老，延长寿命。如前所述，打网球能改善神经、运动、呼吸、循环等系统的功能，使机体的各器官保持旺盛的生命力，这必然对中老年人的常见病有预防功效。网球运动多在露天环境中进行，空气清新宜人，使人心情轻松、愉快，因而很容易消抵中老年人的暮年之感，回到年轻时代。经常打网球可使人变得灵活、敏捷、矫健、富有生气。

（四）促进少年儿童身心健康发展

少年儿童正处于生长发育时期，此时如果经常参加网球运动，会对他

们身心的健康发展带来极大的好处。

打网球需要具备敏捷的思维、快速的反应、准确的判断，同时，还要根据临场的变化采取相应的"声东击西"、"长抽短吊"等战术变化。一场网球赛就好比捉迷藏，既要斗智又要斗勇。

少年儿童身体的各个器官都处在生长发育阶段，体型、骨骼、肌肉、内脏功能、神经系统等都会有显著的变化，且可塑性大。参加网球活动，新陈代谢比较旺盛，各个器官、系统都要积极参与，这对发育还不太成熟的器官是一种很好的促进作用，参加时间一长，可以促进这些器官发育完善。另外，生理学研究表明，支配手脚的运动对孩子的发展有着不可低估的作用。有关实验还证明：通过手眼的配合，能提高少年儿童对事物复杂性及其相互关系的全面分析和综合能力，锻炼他们的形象思维能力。

少年儿童参加网球运动不仅可以强身健体，益脑增智，而且还可以培养孩子们的自立、自强、自信、协作、忍让、守纪、进取的精神，学会处理个人与同学的关系，增强社会活动能力。

二、网球运动的社会交往价值

随着科技的不断发展，现代社会

的生活节奏也在不断加快，人们的工作压力也在加大。工作之余，越来越多的人喜欢拿起网球拍，从办公室走向网球场。在网球场上他们健步如飞，左右奔跑，完全忘却了工作生活中的烦恼和痛苦，消除了孤独感。场上，他们的每一次漂亮的击球动作、刁钻的落点都会引来许多羡慕的目光和掌声；场下他们谈笑风生，结交许多新朋友，增强了社会联系。因此，越来越多的人已经把网球作为社交的一种手段。

（1）打网球可以交流球技，增进友谊，增加与他人进行社会交往的机会。

在球场上，球友之间很容易拉近关系，取得信任。球友们不仅能在一起共同锻炼，相互交流球技，还能够在其他方面相互学习，取长补短，提升自身的素质。因而网球运动已成为一个非常便捷的社交途径，这也是网球运动具有很强吸引力的一个重要原因。

（2）网球运动能促进个体社会化，提高人际交往能力。

随着练习者网球技、战术水平的不断提高，他们向较高水平的群体学习，进行较量，有利于运动者发现自己的长处，增强自信，提高忍受挫折的能力，达到提高自我的目的。另外，通过球友间的交往还可以获得网球知识以外的其他知识，如时事政治、经济、文化、科技、教育等多方面的信息。而且，在交换知识信息的同时，球友之间又相互交流了不同的思考方法和思维方式，相互取长补短，有利于大家思维水平的提高。

第二节　世界著名网球赛事

一、澳大利亚网球公开赛

澳大利亚网球公开赛始创于1905年，是四大公开赛中最迟创建的赛事，但是每年最早开赛，于每年的1月至2月初在墨尔本举行。1968年，国际网球职业化后它被列为四大公开赛之一。

澳大利亚网球赛在创办后的很长一段时间里，由于欧美大陆选手参加的不是很踊跃，冠军均为本地人获得。而进入20世纪80年代后，却又没有一名本地选手获此殊荣，形成了强烈的反差。

澳大利亚网球公开赛由澳大利亚网球公司（前澳大利亚草地网球协会）主持。首次比赛是在墨尔本 St Kilda Road 的维尔豪斯曼板球场举行的。2002年是第九十次举办比赛。

在1905年首次举办时名为澳大利亚冠军赛，在1969年成为澳大利亚公开赛。从1905年以来，冠军赛曾在6个不同地点举行：墨尔本（46次）、悉尼（17次）、阿德莱德（14次）、布里斯本（8次）、珀斯（3次）、新西兰（2次）。

1972年决定每年只在一个城市举办比赛，而不要去全国各州举办比赛。于是选中库扬草地俱乐部，原因是墨尔本的观众人数最多。

墨尔本网球村（原 Flinders Park）赶在1988年公开赛前建成。因为库扬草地网球俱乐部已经满足了扩大的比赛需求。搬迁到 Flinders Park 的举动即刻取得成功。1988年观众人数达266436人，比前一年在库扬（140000）增加了90%。

二、法国网球公开赛

法国网球公开赛始创于1891年，比温布尔登锦标赛晚14年，通常在每年的5～6月举行。法国公开赛除了两次世界大战被迫停赛11年外，其余均为每年一届。开始只限本国人参

加，1925 年以后对外开放，成为公开赛。法国公开赛的场地设在巴黎西部一座叫罗兰·加洛斯的大型体育馆内。这座体育场建于 1927 年，以在一次大战中为国捐躯的空中英雄罗兰·加洛斯的名字命名。同时也是法国网球黄金时期的象征，因为它是直接为庆祝被称为"四骑士"的 4 名法国人首次捧回戴维斯杯，准备翌年的卫冕战而特意修建的。它的建筑古典优雅，别具一格，在一丛丛栗树树枝掩映下，令人心旷神怡。

获得这个公开赛桂冠的选手也与温布尔登赛冠军一样名震世界。法国公开赛规定每场比赛采取 5 盘 3 胜淘汰制，而罗兰·加洛斯球场属慢速红土球场，利于底线对抗，所以一场比赛打上 4 个小时是习以为常的。因此，在这样的球场要获取优胜是不易的，球员要有超人的技术和惊人的毅力。

三、温布尔登网球公开赛

温布尔登网球公开赛也称"全英草地网球公开赛"，创办于 1877 年 7 月，每年 6 月底至 7 月初举行比赛。除在两次世界大战期间停办了 10 届外，温布尔登锦标赛至 1995 年已举办过 109 届。这项网球赛初创时只有男子单打一个项目，1879 年增设男子双打，1884 年开始有女子单打，以后又增加了女子双打，到 1913 年又增设了男女混合双打。

温布尔登网球公开赛初始只限英国人参加，1901 年起允许英联邦各国代表参加比赛，从 1905 年开始成为国际性的球赛。温布尔登是英国的一个城市，全市拥有 18 个草地、9 个硬地和两个室内网球场，其中最大的中央球场可容纳 15000 名观众，是世界上最漂亮的草地网球场。在这里，每年有 300 多名选手角逐 5 个项目的冠军。随着商业化进程，温布尔登网球赛所设的奖金也在逐年增高。如 1990 年大赛的总奖金达到 387 万英镑。获男单冠军可得 23 万英镑，获女单冠军可得 20.7 万英镑。

四、美国网球公开赛

美国网球公开赛的影响仅次于温布尔登网球锦标赛，却高于澳大利亚，甚至法国公开赛。它始创于 1881 年。开始名为"全美网球冠军赛"，首届比赛是于 1881 年在罗得岛新港举行，当时只是业余选手参赛的国内赛事，而且只有男子单打。以后每年一届。女子比赛始于 1887 年。1915 年，美国网球公开赛移至纽约林山国立网球中心进行比赛，每年一届，8月底至9月初举行。经过组委会不懈地努力，美国网球公开赛于1968年被列为四大公开赛之一，从业余赛事发展到现在世界上奖金最丰厚的大满贯赛事。

美国网球公开赛设有5个单项的比赛，是每年四大公开赛中最后举行的大赛。现在每年的夏天在美国国家网球中心进行的美国网球公开赛都能吸引超过50万的球迷到现场观看。

美国是一个高度商业化社会，因此，它的职业网球商业化程度绝不亚于职业拳击赛。美国网球公开赛在"四大网球赛"中，以奖金最多而闻名，奖金总额高达600多万美元。据世界网球杂志统计，1989年美国网球公开赛涉及的金钱往来总额达1亿美元。在球员奖金方面，男、女单打冠军均能得到巨大的奖励。由于美国网球赛的地位和高额奖金，以及中速场地，吸引了众多好手参加。

五、大师系列赛

对于一个真正的网球迷来说，每年只有4次的大满贯赛似乎无法满足他们看球的欲望，在众多因素的作用下，不亚于这四大满贯赛的九项大师赛诞生了。

九项大师赛指每年在北美洲及欧洲所举行的9项高奖额男子网球赛。分别是美国的新闻周刊杯网球赛（加州印第安纳市）、立顿网球赛（佛州比斯肯尼角）、ATP锦标赛（俄州辛辛那提市）、加拿大公开赛（每年在多伦多和蒙特利尔市轮流举办）、德国公开赛（汉堡）、欧卡公开赛（斯图加特）、意大利公开赛（罗马）、蒙地卡罗公开赛和巴黎公开赛。

在九项大师赛中，平均每一站比赛至少会有8位世界前10名的顶尖名将，以及15位排名前20名的好手报名参加。1998年10月底最后一站巴黎公开赛，世界排名前40杰中有39人赴会，阵容之强大不比四大赛事逊色。同时这9项比赛，每项总额均在200万美元以上，如果拿下两站冠军，所得积分几乎可抵上一次四大赛冠军。无怪乎全世界的好手均把参加九项大师赛视为是参加四大赛事之外每年不可错过的行程。

1995年4月，德国著名的奔驰汽车公司和ATP签下4年合同，自1996年起的4年内，奔驰将成为九项大师赛的首席赞助商。根据合约，在ATP每年所举办的超过80站巡回赛中，奔驰汽车有权利将他们著名的原型商标架设在球网的两侧，不过奔驰

公司也必须在其中大约60项比赛里，提供车辆作为选手的交通工具。

为了扩大宣传效果，美国规模最大的体育有线电视网的ESPN也和ATP签下合约，将在180个国家现场直播九项大师赛的盛况同步提供给2亿网球迷。

六、"戴维斯"杯男子网球团体赛

戴维斯杯网球赛是每年一度的世界男子网球团体赛，也是世界网坛层次最高、影响最大的国际性团体赛，由国际网球联合会主办，是除奥林匹克网球比赛外历史最悠久的网球比赛。因为是美国人戴维斯倡议举办，并捐赠银质奖杯授予冠军队，故名"戴维斯杯网球锦标赛"。

第1届于1900年在美国波士顿举办，仅美国和英国的选手参加。戴维斯本人是美国队的队长兼运动员，并在当年的比赛中带领美国队以3：0战胜英国队捧走奖杯。后由于参加国家的增多，1923年起分为美洲区和欧洲区，两个区先进行分区预赛，然后再决赛。1981年开始采取分为两级的升降级比赛的办法。1952年由于参赛队的增加，除原美洲区和欧洲区外，又增加了一个东方区，分3个区先进

行预赛，然后产生次冠军队，再向上届冠军队挑战。1966年欧洲参赛队剧增，又从3个区分成4个区，即美洲区、东方区、欧洲A区、欧洲B区（非洲国家参加欧洲B区）。

1970年成立了一个委员会研究讨论竞赛规则的改革，较多国家认为卫冕国家以逸待劳，迎战疲惫不堪的挑战队，未免有失公允，所以自1971年通过了一项决议取消了"挑战赛"制度，从1972年起冠军队也毫无例外地必须从第一轮开始参加比赛。至于决赛地点的选择，由抽签决定。这项变革后，从此再也不会出现像美国和澳大利亚那样年复一年地垄断这项赛事桂冠的局面。

随着比赛的发展，原有的制度不再适合新的形势，所以戴维斯杯比赛的规则也随之而改变。分别在1980年7月和1988年两次对规则做了比较大的修改，把原来的东方区改为亚太区，又分为亚太1组和亚太2组，水平高的在1组。1组的上、下半区各出线一个队。把原欧洲A区、欧洲B区，改为欧非区1组，其中仍分为A区和B区，每区的前两名出线参加世界组的资格赛。又增设了非洲区2组和欧洲区2组。所有区的2组水平都是该区较低的。这样，亚太区1

组，美洲区 1 组和欧非区 1 组的 A 区和 B 区，各出线的 2 个队，共 8 个队，进入世界组的预选赛，同当年世界组 16 个队中第一轮被淘汰的 8 个队抽签对阵，捉对厮杀，胜者升到第二年世界组，成为 16 强争夺戴维斯杯；负者回到各区的 1 组，第二年再战。

戴维斯杯比赛采用 4 单 1 双，5 场 3 胜制。无论哪一级的团体赛，比赛时间都是 3 天。第一天两场单打，第二天一场双打，第三天又是两场单打。第一天和第二天为 5 盘 3 胜制，第三天为 3 盘 2 胜制。获得戴维斯杯次数最多的国家有美国、澳大利亚、英国和法国等。

七、"联合会"杯女子网球团体赛

"联合会"杯网球赛是每年一度的世界女子网球团体赛，它是 1963 年为庆祝国际网联成立 50 周年创办的。"联合会"杯网球赛是和戴维斯杯赛齐名的团体赛事，是各国网球整体实力的大检阅。第 1 届"联合会"杯比赛是在伦敦的女子俱乐部进行的，共有 16 支代表队参加。"联合会"杯赛每年进行一次，参加"联合会"杯赛的国家也慢慢地增多起来。

"联合会"杯网球赛仿效戴维斯杯赛的比赛办法，实行"联合会杯新赛制"，由上年"联合会"杯赛的 1/4 决赛的 8 个队组成世界组，其余 8 个队成为 A 组。这两组的比赛采用一次主场和一次客场的比赛方法。在世界组中，第一轮获胜的 4 个队进行半决赛。第一轮失败的 4 个队与 A 组中获胜的 4 个队进行比赛，比赛中获胜的队进入下一年度的世界组。A 组中的第一轮失败的队同各区中获胜的队进行比赛，然后由 4 支获胜的队进入下半年度 A 组比赛。4 支失败的队参加下半年度的区级比赛。

世界组和 A 组的比赛采用 5 场 3 胜制，第一天进行两场单打，第二天进行两场单打和一场双打。双打比赛在最后进行。

八、奥运会网球赛

国际网联和男、女两大职业协会决定从 2004 年起，奥运会网球赛成绩也计算世界排名积分。这一决定受到了正在参加法网公开赛的球员和教练的热烈欢迎。

现在运动员比赛很多，如四大大满贯赛、WTA 巡回赛和联合会杯赛，因而再抽出两周时间参加不计算积分的奥运会网球比赛的积极性并不是很

高。这一新决定将大大增强奥运会对网球选手的吸引力。

代表意大利参加过两届奥运会的意大利女将里塔·格兰德对记者说："过去高水平选手只忙着争夺世界第一的排名，并不是特别看重奥运会。以后奥运会比赛将有排名分便会很有意义。"但她同时还指出："如果奥运会比赛要计算排名分，那么必须在奥运会期间同时举办其他巡回赛，这样可以使未能获得奥运会参赛资格的选手同样有其他比赛可挣分。"

国际奥委会主席罗格在皇家包厢内观看 2003 年温网男单决赛时说，温布尔登如果能成为奥运会网球赛场地，将给奥运会网球比赛增加一些声望。这也意味着奥运会网球比赛可能在草地赛场上进行。

据弗莱介绍，WTA 已准备在奥运会举行期间新设立一项中型赛事，以保证所有选手在同一时期都有机会获取排名分，以体现公平。

第三节　网球运动名人简介

一、网坛名人

（一）比尔·泰登

美国男子网球运动员。1912～1930 年期间，参加 19 项比赛，共获得 138 项比赛的冠军，胜率达到了93.6%，共赢得 16 个美国公开赛的冠军，包括 7 个单打、5 个双打和 4个混合双打。

1916 年，在美国国内排名仅为70 位的泰登脱颖而出，登上了冠军的宝座。那时，他年仅 23 岁。在此后的 4 年时间里，泰登不但成为了一名世界冠军，而且成功地塑造了网坛神秘人物"大比尔"。"大比尔"忽而如"手持木枪的超人"般伟岸强大；忽而如"飞速掠过的鬼魂"般神秘莫测。他风靡世界网坛，成了当时最夺目的明星。

1919 年，事业正如日中天的泰登突然放弃了所有的比赛，跑到美国东部的罗德岛开始了"冬眠"。他在岛上的木屋中度日，不时外出狩猎、砍柴，但看似闲暇的他却在暗自进行技术练习。一个多月过去后，泰登在"冬眠期"中练就了合理可行的秘密武器——反手削球，原来这才是泰登休假的真正目的。

经过最后的调整期，以大力发球著称的泰登完成了自己的技术转型。

到了第二年的夏天，他赢得了自己的第一个温网冠军。1920～1925年，比尔·泰登称霸世界网坛，他用非凡的意志和高超的技术成为网坛名副其实的精神领袖。人们经常把伟大的运动员比作艺术家，比尔·泰登最伟大的作品就是他自己。

（二）弗雷德·佩里

英国男子网球运动员佩里在1933～1936年期间，共赢得8项大满贯赛事的冠军，并排名世界第一，在1937年事业达到巅峰状态时突然宣布退役。在戴维斯杯中，保持了单打比赛34胜4负和双打比赛11胜3负的记录。

图4－1　弗雷德·佩里

弗雷德·佩里是一个张狂不羁、倔强顽固的竞争者，在那个属于他的世界中，扮演着双面怪杰的角色。

佩里在网坛取得的成就是举世瞩目的，来势汹汹的正手抽杀、大角度的反手截击，再加上大胆和自信，这些都是他的制胜法宝。1933～1936年期间，他几乎战无不胜，不但赢得了8项重大赛事的冠军，还为英国网球界恢复了荣誉。1933年，佩里帮助英国队夺回了戴维斯杯，并以单打比赛未负一场的战绩将戴维斯杯在英国保留了4年。1934～1936年，他连夺温网桂冠，成为显赫一时的温网霸主。他是第一个赢得所有4项大满贯冠军的选手。如果不是在1934年法网期间腕关节受伤，他很有可能成为第一个在一年之内完成大满贯的英雄。但取得如此非凡成就的佩里接触网球运动却很晚，16岁时甚至还没有打过网球。他的飞速进步简直是一个奇迹。但更令人吃惊的还不仅仅于此，他不但是个非凡的网球天才，而且还在20岁的时候就成为了一个不折不扣的乒乓球世界冠军。他认为除了发球以外，网球和乒乓球技术没有什么大的差别，同样的角度，同样类型的球拍。这种看法在各项运动水平高度发达的今天来说显然行不通，但是在几十年前的世界体坛，佩里的确是个乒乓球和网球的双料冠军。对乒乓球的这种认识还帮助佩里理解网球场上球路的变化，使他认识到提早击球的重要性。

运动员能在同一天内赢得两项不同运动项目的世界冠军，佩里是绝无仅有的唯一一人。1932年的一天下午，佩里在巴黎市内网球赛场上击败著名的法国网球明星杰·博罗特拉，摘得桂冠。时隔5个小时，在当天晚上举行的乒乓球赛上，他又奋力拼搏，赢得了乒乓球的世界冠军。直到今天，这仍然是一项无人问津的记录。

（三）罗伊·埃默森

图4-2　罗伊·埃默森

澳大利亚男子网球运动员埃默森保持男子大满贯赛事的28项冠军纪录，包括12项单打和16项双打。在戴维斯杯比赛中，保持34胜4负的记录。1964年，赢得3项大满贯赛事的冠军，并创下了109胜6负的战绩。

了解罗伊·埃默森的人都能体会到他的精力是如此充沛，似乎取之不尽、用之不竭，他就像一个玩偶盒中的小木偶。在耗时颇长的网球比赛中，为了回击每一个来球，他能够不知疲倦地奔跑、追逐。一些看起来不可能接起的球，到了他的拍下，都成了顺从的战士，乖乖地听从他的指挥，一次次飞回对方的场地中。埃默森是一个生活在澳洲偏远地区的农家子弟，他的父亲是奶牛场主，由于小时候经常帮助父母挤牛奶，埃默森练就了一副强有力的手腕。10岁时，他开始在家中学习打网球，经过长时间的正规训练，他终于成长为一名网球世界冠军。

在争夺戴维斯杯的赛场上，埃默森无疑是一员虎将。在9年中，他率领澳大利亚队拿到了8届戴维斯杯，是澳大利亚队的头号功臣。与此同时，他也没有冷落其他比赛的赛场，他赢得了12项大满贯赛事的冠军，并将这项纪录保持了32年，直到2002年夏天，才被桑普拉斯超过。对于自己取得的成就，埃默森非常自豪地说："我不管别人怎么说，我认为这些大满贯赛事的冠军就已经能够充分体现我的价值。"

（四）罗德·拉弗尔

澳大利亚男子网球运动员拉弗尔在1962年和1966年两次赢得大满贯冠军。由于成为职业运动员，他在

1963～1967 年期间被禁赛，但仍然赢得了 11 项大满贯赛事的冠军。在戴维斯杯比赛中取得了 20 胜 4 负的战绩。

图 4-3　罗德·拉弗尔

拉弗尔为人谦逊有些害羞，头发如日落般的红色，脸上零星散落着几颗雀斑，是震惊世界网坛的最伟大的球员之一。

世界职业网坛英雄辈出，杰克·克拉默的职业意识，曼诺罗·桑塔纳的优雅风度，托尼·罗切斯的创造能力，吉米·康纳斯的发球抢攻，伯格的酷哥气质，麦肯罗的魅力四射，桑普拉斯的强大攻势，他们的表现都给人们带来了愉悦的享受，同时也将世界网坛不断推向新的高度。但如果面对拉弗尔，他们都会是拉弗尔的手下败将。原因很简单，拉弗尔的表演简直无懈可击，他的一切近乎完美。

拉弗尔生长在澳大利亚的洛克哈普顿。小时候是一个体弱多病的孩子。父亲教他打网球，这个左撇子的小男孩慢慢长成健壮的小伙子，最终成为了网球世界冠军。他的前臂比一般人长，大概有 30.48 厘米，这个尺寸与拳击重量级世界冠军洛奇·马西亚诺的相同。他可以发出方向、角度变幻莫测极为刁钻的球。他能将网前球处理得天衣无缝，后边场也没有什么疏漏。除了这些，注意力的高度集中也是拉弗尔克敌制胜的法宝。

在世界网球史上，没有一个人能够像拉弗尔这样身经百战、富有活力，无论在任何时间、任何地点、面对任何对手，拉弗尔总能一如既往地发球、击球、获胜。

（五）唐·布吉

图 4-4　唐·布吉

1938 年，美国男子网球运动员唐·布吉成为在一年内实现大满贯的第一人。在 1937～1938 年期间，他赢得 92 场比赛的胜利，并拿下 14 项

比赛的冠军头衔。

布吉是一位伟大的球员，他的自信影响了整整一代网坛的后生们。布吉的口头禅是："作为一个伟大的球员，你首先要认识到自己的过人之处，你必须具备过人的自信。"

在赛场外，布吉并不出众，棕红色头发、满脸的小雀斑使这个身高1.87米的大个子小伙子看起来有几分可爱。在赛场上，布吉的独舞可谓精彩绝伦，他挥动着0.88千克的木质威尔逊球拍，依靠非凡的球技和过人的自信攀上了事业的顶峰。至今为止，布吉的回击球技术依然被认为是全世界最出众的。1938年，转战沙场的唐·布吉拿到了澳网、法网、温网、美网4项大满贯赛事的冠军，成为有史以来第一个在一年之内完成大满贯宏愿的球员。

布吉的自信是出了名的，84岁高龄时布吉曾面带笑容地说道，尽管自己最钦佩拉弗尔，但他肯定是自己的手下败将，他还认为桑普拉斯有很多缺陷，并非不可战胜。

世界上有众多网坛高手，不论是拉弗尔、桑普拉斯还是比尔·泰登、麦肯罗，他们从不认为自己的球技十全十美，但布吉不然，他欣赏自己，欣赏自己打的每一场比赛。

（六）吉米·康纳斯

图4-5 吉米·康纳斯

康纳斯是一名在草地、硬地、红土三种场地上获得过冠军的美国男子网球运动员。他共赢得过109个ATP比赛的冠军，包括8个大满贯比赛的冠军。从1974～1977年连续160周排名世界第一。

他从不将大力发球作为进攻的最主要武器，他仅仅挥动左臂，将黄色的小球推击入场内，接下来再开始真正的硬碰硬的较量。凭借超常的身体素质和过人的技战术，他在球场上应付自如。他经常留守在底线附近，从不轻易上网，但他是一个名副其实的狙击手，善于在节奏紧张的比赛中捕捉战机。

他没有麦肯罗的破坏力，没有博格的忍耐性，也没有伦德尔的正手球，但他是一个天才杀手，因为他能够找到正确的方位、时机，然后毫不留情地下手。

他从不在比赛中放网前小球，他的获胜完全凭借强大的实力。他用反手一次一次地将球击到对方的场地中，直到对手先露出疲倦之色，然后，他再选择合适的角度，像一个巨人一样扼住对方的"咽喉"，反击得分。

人们可以原谅康纳斯的任性，因为他用高超的球技折服了所有观众，也征服了世界网坛。

康纳斯赢得了2个温网公开赛的冠军、1个澳网冠军、5个美网冠军，他宣称自己是纽约市民的一员，这个信念使他在美网中的表现更加出色。

（七）比约·博格

瑞典名将比约·博格是网坛传奇球员，无论在草地或是红土都有出色表现。他曾夺得6次法网男单冠军，在温布尔登也获得五连冠（公开赛年代中温布尔登男单最长连冠）。但由于澳网在1977年以后改在12月举行，不喜欢在年底参加比赛的博格自此便没有再参加澳网的比赛，他也从来没有在澳网称王。

博格的父亲喜爱打网球，一次他送给9岁的儿子一个网球拍。博格从小打球认真，第一次得到父亲给他的球拍后，他就与网球交上了朋友。由于博格年幼力弱，只能双手握拍击球，直到他成为网坛风云人物后，还是保持这种网球明星中很少见的双手握拍的打法。

图4-6　比约·博格

11岁时，博格的父亲发现博格打球很有特点，便决心培养他。名师出高徒，博格14岁时就击败了瑞典全国所有参加少年网球冠军赛的选手。博格的打法独具一格，他能在底线或中场以正手提拉球控制全场。他的动作时而优美如同舞蹈，时而又勇猛的好似雄狮。博格比赛时，沉着冷静，

意志顽强。他的格言是："不战胜，就战死。"他思想高度集中，即使处在领先地位，也每球必争，直至取得最后胜利。

博格虽然名声很大，但始终保持淳朴的生活方式，并很注意道德风尚，在赛场上也素以举止文明而著称。

（八）约翰·麦肯罗

美国国家网球队前队长约翰·麦肯罗，在他职业生涯中共获得77个单打冠军，其中7个大满贯头衔，1981～1984年连续4年年终排名第一。

图4-7　约翰·麦肯罗

20世纪70年代末，人们在思考：博格之后是谁的时代。"上帝"发笑过后，送来了一位伟大的球手麦肯罗，一个人们从来没见过，也没想过的浑身都散发着个性魅力的"坏小子"！他在天才与疯子的界限上任意践踏，跳来跳去。关于麦肯罗的争议到现在都没有停止，然而事实却是他的确影响了整个网坛并在相当长时间内牢牢占据世界第一的位置。这个喜欢肆意宣泄自己情绪的"野人"对网球充满了智慧与灵感，但是，在当时麦肯罗还难得具有强烈的领袖气质。

如今，麦肯罗已成为第41位世界劳伦斯体育奖委员会的成员，他也是继纳斯塔斯尔、纳英娜蒂诺娃和贝克尔之后第4位进入该委员会的网球运动员。劳伦斯体育奖委员会的名单中可都是一串串闪光的名字，如迈克·乔丹、迈克·约翰逊、绷迪亚·科马内奇等。劳伦斯体育奖委员会的职责是将世界体育奖致力于全世界范围内，以体育促进民族之间的交流，减少分歧，加强合作。

昔日网球场上的"坏小子"麦肯罗，如今对体育的公益事业也非常热衷，为网球运动的普及与发展作出了不可磨灭的贡献，他曾说过："在我成长的过程中，我一直听到人们说网球是贵族运动，我不这么认为。我一直在努力将网球运动推向每一个人，因为这是一项伟大的运动，但不幸的是，我们做的还远远不够。"

时而口出狂言，时而彬彬有礼；时而斗志旺盛，时而满腔怜爱；时而满脸愁容，时而喜气洋洋；时而对抗，时而让步；时而挑衅，时而顺从；时而可笑，时而严肃；时而轻狂，时而老练。这就是麦肯罗一直在人生的两极中来回奔跑。

（九）皮特·桑普拉斯

桑普拉斯出生在美国华盛顿，1988年成为职业选手，是男子网球选手中夺得大满贯赛事冠军头衔最多的。他是当之无愧的"桑天王"，是世界男子网坛继传奇人物康纳斯、伦德尔之后，又一个划时代的网坛巨星。

图4-8 皮特·桑普拉斯

桑普拉斯共取得64个职业网球赛冠军的佳绩，14个大满贯夺冠纪录。1990年，在费城和曼彻斯特夺得第一个ATP冠军头衔，同年桑普拉斯的世界排名达到第5位。1991年，又夺得三项单打冠军头衔。1992年担任ATP的慈善机构主席，为癌症治疗事业发起了一个"ACE球慈善基金"，每发一个ACE球，他就将捐献100美元。1993年，桑普拉斯成为ATP历史上第11位排名世界第一的男单选手，并赢得8项单打冠军。1994年又连续夺取10项大赛冠军，成为继伦德尔之后第二个在全年保持世界排名第一的男单选手。1995年，桑普拉斯取得温网三连冠，并率领美国队夺得戴维斯杯冠军。1996年，桑普拉斯创造了25场连胜纪录，还夺得7项桂冠。1997年，成为连续5年排名世界第一的男单选手，夺得8项赛事冠军。1997年，桑普拉斯荣获美国奥委会颁发的"年度最佳男运动员"称号，他成为获得这项殊荣的第一位网球运动员。1998年，他成为ATP历史上第一个连续六年单打年终世界排名第一的网球选手。他在职业赛中取得的奖金在网球史上排名第二（第一是瑞士的罗杰·费德勒）。

2002年，他宣布在美国举行后将会挂拍，并表示希望以夺取冠军作结，结果他也如愿以偿，为其15年的职业生涯画上了完美的句号。他被誉为唯有费德勒才能与之匹敌的历史

上最佳网球男单选手之一。

（十）安德烈·阿加西

阿加西作为 20 世纪 90 年代与桑普拉斯并称的男子网坛天王级人物，他一直以自己所特有的特立独行著称于世，他曾经是那样的狂放不羁，是那样的金发飘飘，但是两次不如意的婚姻毁掉了他的自信心，在经历了职业生涯的最低谷之后，1999 年法网的夺冠重新让我们看到了那个久违的网坛天才，而在此后他与格拉芙的美满姻缘也得到了全世界网球迷们的祝福。

图 4-9　安德烈·阿加西

与已经隐退的桑普拉斯相比，阿加西顽强不息、不服输的精神却又那么值得所有人去尊重，他目前仍然保持着非常高的竞技水平，他在 2003 年的澳网中夺得冠军，法网和美网也分别进入八强和获得亚军。到目前为止，阿加西一直保持着 ATP 冠军争夺战头名的位置，职业排名也一度超过

澳大利亚名将休伊特，升至第一，是其他选手在任何一场比赛中都不可小视的强劲对手。

阿加西曾获得 43 项冠军（包括 6 项大满贯头衔）。四大满贯都曾获得过冠军，男选手中只有他一个；而女选手则是他夫人格拉芙。

阿加西在描述自己时说："我在观众面前是真实的。有时候，我表现出良好的敬业精神；有时候，我追求这项运动的娱乐性；有时候，我也发发臭脾气。"他从不掩饰自己的言行，这正是阿加西的真实写照。

（十一）张德培

图 4-10　张德培

1989 年 6 月，罗兰·加洛斯中心网球场刮起一股强劲的"张德培旋风"，在这个红土场地上，网球神童张德培力克世界排名第一的伦德尔和

第三的埃德伯格等名将，一举成为世界上最年轻的"大满贯"赛冠军，也是第一个获此殊荣的炎黄后裔。此后，他在大满贯上的比赛成绩是：1992年美国公开赛四强、1995年澳大利亚公开赛四强，1995年法国公开赛亚军、1996年澳大利亚公开赛亚军，世界最高排名第二位。

张德培夺得法国网球公开赛的冠军，打破了"美国网球选手的红土魔咒"。美国人继东尼·待拉伯特自1955年在巴黎红土球场首次摘冠后，34年中曾有494名网球选手参加这一赛事，包括名将康纳斯、麦肯罗等，均无法问鼎这一桂冠。张德培的获胜，实现了"美国的希望"，重温了"美国的好梦"。看张德培比赛是一种享受，不仅可以欣赏到他正反手凌厉的进攻球技术，机智灵活的战术打法，更为他坚强的毅力和顽强拼搏的精神所感染。

（十二）休伊特

作为世界网坛新一代的偶像，澳大利亚最年轻的网球明星休伊特在2001年终于证明了自己的实力，美国网球公开赛冠军加上年终大师杯赛上的一举夺魁，使他超越巴西的库尔腾成为ATP年终排名第一的选手。而在2003年夺得温网冠军之后，休伊特又

一路奏凯最终力压美国老将阿加西蝉联年终排名第一的称号。

图4-11 休伊特

作为澳大利亚最年轻的网球明星，休伊特拥有成为冠军的天才和态度。包括在德尔雷海滩的胜利，他的赛季记录是42胜18负，并连续两年成为ATP巡回赛最年轻的冠军。

年轻而充满活力的休伊特目前成为众多体育厂家的追逐对象，他的标志装束反戴太阳帽已经成为年轻人效仿的时尚，而他与比利时网球女星克里斯特尔斯的恋情也为球迷津津乐道。从目前来看，休伊特很可能成为取代老一辈明星阿加西和桑普拉斯的候选人，但是他的性情还需要磨炼，尤其还缺少面对压力和逆境时的冷静，多次在ATP因比赛作风发生冲突的表现就是证明，但相信他经过一段

阳光快乐体育

时间的磨炼，成为巨星将指日可待。

（十三）胡安·卡洛斯·费雷罗

图4-12　胡安·卡洛斯·费雷罗

胡安·卡洛斯·费雷罗也许是西班牙历史上最年轻的优秀网球运动员，一度被网坛视为新一代的领军人物。

他1998年转入职业网坛，1999年排名骤升，从345位攀升至43位。2003年在罗兰·加洛斯，他击败了"荷兰黑马"沃尔科克取得了法网冠军，成为了红土赛场上无可争议的新一代"红土王"，ATP最高排名第一。

弗雷罗身形非常瘦削，在赛场上移动速度迅猛，有"蚊子"的绰号。

（十四）罗杰·费德勒

瑞士名将罗杰·费德勒已经在当

今的网球世界中拥有了至尊地位。自2003年温网以来，他已经获得了14个大满贯冠军，并两度在年终大师杯里夺冠。

图4-13　罗杰·费德勒

从技术能力上看，费德勒是近年来男子网坛少见的天才，以其2005年的表现数据来看，他在硬地上的战绩是50胜1负，泥地的战绩是15胜2负，草地战绩12胜0负，地毯球场战绩4胜1负，总成绩为81胜4负，其中对世界排名前10的选手战绩为15胜2负；从具体的技术环节分次上看，费德勒的二发得分率达到59%，在所有球员中位居榜首；发球局制胜率（89%）名列第二；对方一发回球得分率（35%）排名第四；Ace球总数（599）排在第五；一发得分率（76%）和接发球局制胜率（31%）

都排在第八；破发成功率（69%）排在第五；挽救破发点成功率（64%）排在第九。

（十五）马蒂娜·纳芙娜蒂诺娃

纳芙娜蒂诺娃于1956年10月18日出生，身高1.73米，体重65千克，左手握拍。她虽然离开球场多年，但人们一谈到纳芙娜蒂诺娃的球技都会赞不绝口，特别是她的那种发球上网型的打法，令当今女子网坛高手羡慕。纳芙娜蒂诺娃来到美国时，当时的网坛正盛行底线打法，而她却一贯维持上网型的打法。

图4—14　马蒂娜·纳芙娜蒂诺娃

她通过不断的强化训练和合理的饮食，使其球技和体能都获得了较大的提高，并为世界网球运动的发展作出了很大的贡献。每一位和纳芙娜蒂诺娃交过手的球员都认为，她最具杀伤力的武器是她那从感觉上不是很厉害，但实际上却威力很大的发球。她的发球一气呵成，不需要借助转体动作就能使发球富于变化，从而给对手还击造成困难。纳芙娜蒂诺娃的截击球技术是没有选手可以相比的，对她来说截击任何球都不难，关键是利用球拍和手腕构成击球角度。1994年她以世界排名第四的身份退出网坛。

（十六）格拉芙

图4—15　格拉芙

格拉芙1969年出生在德国，身高1.76米。1982年刚满13岁的格拉芙步入了职业网坛，1986年，年仅17岁的格拉芙就从美国老将纳芙拉蒂诺娃的手中夺得头号种子称号。1988年她又一口气夺下了澳大利亚、法国、温布尔登和美国四大公开赛桂冠，外加奥运会金牌，成为了世界上绝无仅有的"全满贯"得主。

格拉芙成功的秘诀，就是对自己严格要求和永不满足的追求。她练球的时候便换上"工作脸"，非常专注，

把全部精力都投入进去，常常以一种苛刻的态度看待自己，总是无法对自己的技术感到满意。心理素质出色是她最大特长，即使在落后或局势紧张的情况下，都能从容不迫地发挥水平。格拉芙正手进攻力量大，反手削球准确而带有变化，发球的落点刁钻。1994～1996 年是格拉芙的天下，到 1997 年共 20 次获得"大满贯"，其中澳大利亚公开赛 4 次，法国公开赛 4 次，温布尔登公开赛 7 次，美国公开赛 5 次。

（十七）塞莱斯

图 4 - 16　赛莱斯

塞莱斯 1974 年出生于前南斯拉夫，1986 年移居美国，身高 1.78 米，左撇子，一直采用双手握拍正反手打法。塞莱斯打球的特点是喜欢在发球和击球时紧握双手，高声大叫，自我激励。1990 年她 16 岁，就获得了法国网球公开赛的女子单打桂冠，成为这一赛事最年轻的冠军。1991 年 3 月 11 日，塞莱斯击败格拉芙夺走了世界网球"女皇"的王位，并一直保持到 1993 年 4 月 30 日她在汉堡遇刺时。在她参加的比赛里共获得 32 个单打冠军，其中参加 8 次大满贯赛，7 次获得冠军。

（十八）辛吉斯

图 4 - 17　辛吉斯

辛吉斯身高 1.67 米，体重 52 千克，1980 年出生在前捷克斯洛伐克的科西策城。7 岁时随母亲柯兰妮移居瑞士。柯兰妮曾经是网球运动员，20 世纪 70 年代一度打到世界排名 25 位。

辛吉斯2岁起就开始拿网球拍子打球,12岁时就夺得法国公开赛少年组冠军,从少年时代起胜利就一直伴随她。1994年10月,年仅14岁的辛吉斯加入职业网坛。1997年辈称为"辛吉斯年",在澳大利亚公开赛夺冠后,就预示着辛吉斯时代的到来。1997年女子网球巡回赛获12个单打冠军,79场赛事胜73场负6场。

辛吉斯技术全面,能打各种类型的球,击球稳健而又不可预测,步法轻松自如,从容不迫,思维敏捷,反应迅速,善于利用球场的每一寸土地,打球刁钻。辛吉斯创造了一个又一个网坛记录:最年轻的大满贯冠军,最年轻的世界头号选手。

(十九) 达文波特

达文波特1976年6月8日出生在美国加州的体育世家,她的父母姐妹都是排球运动员。她从父母那里继承了运动的天分,有着排球运动员的身高,达到1.89米,体重79千克。达文波特6岁时,一个偶然的机会,妈妈带她去听网球课,结果她竟然对老师讲的东西非常感兴趣,于是她拿起了网球拍。1997年11月17日的世界最高单打排名为第二位,1997年10月2日的最高双打排名为世界第一。

图4-18　达文波特

(二十) 贾斯汀·海宁

图4-19　海宁

身高仅1.66米,体重不足60千克的比利时灰姑娘海宁在法网完成了一项伟大的工程,至少暂时结束了令人腻味的后花园式决赛。

但这项被视作改变网坛历史的工

程，仅仅是海宁生活的一部分。夺取法网桂冠后，海宁兴奋地奔上看台和新婚不久的丈夫深情拥吻，她告诉全世界，这份感情和网球一样重要。

美满的爱情，杰出的事业，这是一个女人的全部梦想。幸运得简直像一个谜，贾斯汀·海宁拥有这一切，而且她仅仅二十出头。

但是，命运又何时无缘无故地宠爱过谁，对这个来自比利时法语区贫困家庭的海宁也一样。10岁的时候，海宁的母亲法兰科伊斯带着女儿到了法网球场看球，深知女儿网球天赋的她要用罗兰·加罗斯的无上热情刺激女儿对网球的热爱。正是在那里，海宁看到了1992年格拉芙和塞莱斯进行的那场精彩决赛，当时她就对母亲说："有一天我也会在这个球场上比赛。"也正是这个时候，她终于决定彻底放弃同样喜爱的足球，开始为成为一名职业网球选手而努力。

许下如此豪言壮语的小姑娘还不知道，她为这个诺言付出的代价甚至包括失去妈妈的痛苦和一度跟网球说拜拜的绝望。

当你了解了海宁的故事，知道她走过的是怎样一条苦难和幸运同在、绝望和梦想并存、放弃和奋斗不止的路，也许你能被她面对生活，坚强甚

至顽固的态度；面对理想，执著甚至偏执的脾性；面对网球，虔诚甚至狂热的情感所打动。

贾斯汀·海宁在日记里写道："我难以找出准确的语言来表达我的情感，因为这一切都那么特别。我甚至无法告诉你我的感受，因为这远远超出了我的想象。天哪，赢得一个大满贯，而且是在这里，在这个我曾经向妈妈许下诺言，一定要夺冠的地方。今天，我终于做到了，我要把这个胜利献给她。"

（二十一）威廉姆斯姐妹

图4-20　威廉姆斯姐妹

威廉姆斯姐妹恐怕是1999年职业网坛进步最大的选手了。她俩在1999年4月刚刚跻身WTA前10位，

小威廉姆斯就在 1999 年接下来的时间里一气拿了 5 项 WTA 巡回赛冠军。这其中最骄人的战绩当属美网公开赛。当时小威廉姆斯接连战胜辛吉斯、达文波特和塞莱斯，最终夺得她职业生涯的第一项大满贯桂冠。她不仅创造了种子排名最低夺冠的纪录，也是美网历史上第二名夺冠的黑人运动员。她在硬地球场上的灵气，无人能及，一年 16 场连胜。

1999 年前从未在 WTA 巡回赛单打比赛中夺魁的小威廉姆斯当年赢得了包括美国公开赛在内的 5 个头衔，并在世界排名中冲进了其生涯最高的第四名，而年初她还是第 20 位。2002 年年终排名上升为第一位。近年来，对任何人来讲，威廉姆斯姐妹这两匹黑马将是最危险的人物，"威氏家族" 必将统治一段时间。

大威廉姆斯加入职业网坛时间不长，但却与妹妹小威廉姆斯一道，在网坛刮起一阵 "黑旋风"，所过之处，差不多无坚不摧。她在女子职业网坛的历史上创造了许多奇迹。比如说，大威廉姆斯是美网公开赛自 1978 年以来，第一个初次参加大满贯赛事就闯入决赛的选手，她也是自 1958 年以来，第一个以非种子身份进入美网决赛的运动员。进入 1999 年，大威廉姆斯更是所向披靡，她不但赢球超过 60 场，还拿下 6 项 WTA 冠军，尤其是她在 2000 ~ 2001 年的 8 项大满贯赛事中，6 次至少闯入四分之一决赛，2001 年便登上温网女皇的宝座。大威廉姆斯同时还保持着女运动员的发球最快时速记录，这个速度对于大多数男子职业选手来讲也是望尘莫及的。

（二十二）安娜·库尔尼科娃

在国际体坛上，有两位人气最旺但实力算不上最强的独特 "巨星" ——一个是拳王泰森；另一个就是打网球的库尔尼科娃了。谁都无法否认，库尔尼科娃绝对是网坛的一个奇迹，而她也诠释了一个道理，实力与金钱是不画等号的。

图 4 - 21　安娜·库尔尼科娃

年轻的库娃已是目前女子网坛上最富有的人之一。库娃曾经是个天才

的女球手，14 岁时，排名就是世界青少年第一。1997 年她打进了温网半决赛，当时才 16 岁。库娃刚出道的时候，就被视为同辛吉斯和威廉姆斯姐妹一样才华过人，很可能占据未来女子网坛的顶层。库娃网球的天赋是绝对一流的，她打球比辛吉斯硬朗，移动比达文波特快速，得分手段比维纳斯·威廉姆斯更多样，她的空中截球能力胜过上述任何一位。

但直到现在这位素质优越的女星还未懂得获胜的法宝。伤病和频繁的商业活动，影响了库娃在网球上的发展。当年预言天才少女库娃的网球专家们现在都跌落了眼镜。

库娃的独特之处就是战绩没有闪亮点，但商业价值却没有什么贬值。正如在 2001 年的温网比赛中，组委会把温布尔登中心球场的第一场女子比赛专门留给了她。整个英国都充斥了库娃身着体育胸罩的广告。不服不行，温网比赛中有库娃参加的比赛，球场爆满，还有很多名人到现场为她捧场。用 ATP 总裁比莉·琼·金的话来说，库娃对网球发展是有贡献的，因为"只要来看网球比赛就是好的，不管他们是来看比赛还是看美女的"。

（二十三）莎拉波娃

沙拉波娃 1987 年 4 月 19 日出生于俄罗斯，身高 1.83 米，体重 51 千克。2001 年转入职业网坛。在当今女子网坛涌现出了一批俄罗斯红粉军团，她们不仅相貌出众，取得了一个又一个的骄人战绩。莎拉波娃不仅有迷人的面孔和身材，更有凌厉的攻击力。在大大小小的赛事上取得了一个又一个单打冠军。在 2004 年的温布尔登大满贯中的封后，不仅增强了她的信心，丰富了经验，还使她的排名向着世界第一迈了一大步。2005 年 9 月，刚满 18 岁的莎拉波娃终于登上了世界第一的宝座。

图 4－22　莎拉波娃

莎拉波娃出众的球技来自她对网球的钟爱，在球场上，无论是训练还是比赛，她都兢兢业业，一丝不苟。

她是主动进攻性的选手，大幅度地挥拍动作能使她打出快而有力的球，修长的身材依然具有灵敏的步法。她的正手能打出连续强烈的进攻，使对手无力还击。莎拉波娃是当今女子网坛的希望和未来。

二、名言名句

■杰西·欧文斯说："运动场上产生的友谊是比赛真正的金牌。奖杯会变得锈蚀，友谊却历久弥新。"

■比莉·琼·金说："我不只是打网球，我自己就是网球。"

■网球界有句名言："球拍就是你手臂的延伸。"

■比尔·蒂尔登说："网球是任何人都可以学会的最有价值的运动，甚至高尔夫球都难与其相比。"

■比莉·琼·金说："当对方发球时，很多人都希望'拜托啊上帝，让她发球失误吧'，但我不一样，我希望她把球发进来。"

■老威廉姆斯有句名言："凡是让14岁以下的孩子当职业球手的父亲，都该枪毙。"

■斯里恰潘乐滋滋地说："比赛前我从来没有想过自己会输，我只是觉得如果我发挥得不好，可能会赢得比较艰难。"

■维克·布莱登说："对于那些在看台上或在挡网外看球的人来说，打网球简直是太容易了。"

■桑切斯抱怨巡回赛赛程太长（戏称魔鬼赛程），比赛太密时说："我参赛是因为我喜欢打球，这是我的职业，但我也不是铁打的啊，让人透不过气来。"

■奇·维拉斯说："我喜欢网球的创造性。"

■特德·廷林说："自信心对取得成功至关重要……如果一个女人觉得自己比对手漂亮，这就是一个优势。"

■萨芬在回忆圣马利诺网球赛上以2：6、0：6的比分惨败给一位排名157位的网球选手后说："那是我这辈子至今最糟糕的一场比赛，主裁判应该以我表现太差为由，把我驱逐出场。"

■库娃说："网球不是我生活的一部分，网球是我的生活。"

■比尔·蒂尔登说："在我打球的数十年中，我一直在找一位天才的网球手，但直到现在也没找到。"

■奥尔瑟·吉布森说："在网球界，大多数想成为高手的运动员都不考虑要想成为网球高手所要付出的辛苦。"

■特里西的话："教男人如何发球比女人要容易得多。很多女人从未扔过球，所以当教她们如何发球的时候，她们没有任何基础知识可以作为比较。为帮助她们找到一个她们可以联想到的动作，让她们想象愤怒时向丈夫扔花瓶的情景。虽不是一个好的意象，但还是管用。"

■弗吉尼亚·韦德说："准备的时间越多，后悔的时候才会越少。"

■比尔·蒂尔登的话："人们喜欢双打胜于单打，因为他们的运动量较单打小一些，有了一个搭档，失败了可以责备他，而且在他们比赛时还会有人听他们的抱怨。"

■46岁的老将纳芙娜蒂诺娃与印度名将佩斯在2003年澳大利亚网球公开赛合作夺得混双冠军后说："年龄只是一个数字，我仍然期望我是赢得某些东西最年轻的人，而不是最老的。"

■阿加西在法网获胜后欣喜之极，吐露心声："我在球场上感觉要比在球场下年轻很多。在球场上我感觉很好，但在球场下抱着孩子时，我感觉自己痛苦多了。"

■国际网联银牌裁判长和铜牌主裁，中国职业裁判陈述遗憾地说："我没有裁过桑铃拉斯的比赛，这是我裁判生涯中最大的遗憾。"同时还说："网球职业裁判不是一条简单的路，要想走下去，就要付出双倍的努力和代价。"

第四节　网坛家族的其他成员

一、软式网球

软式网球产生于日本，是由硬式网球派生出来的。我国的软式网球运动始于1986年，1987年正式成立了中国软式网球协会。

软式网球场地，端线和边线连成的区域为内场，内场以外的平坦地面（距端线8米、距边线6米）成为外场。场上的附属设备有网柱、裁判椅、挡网、凳子等。

球网为黑色，长12.65米，高1.06米，网孔边长3.5厘米，球网上端用两片5～6厘米的白布包裹（穿钢丝绳用）。球网两端要和球柱密接，球王下沿要与地面相连。

球拍用木料、金属及其他材料制成。拍框上要穿织网弦，拍长69厘米，拍框一般为椭圆形，长 32 厘米，宽 22 厘米，拍把长 37 厘米。选购球拍时要注意三点：一是平衡，就是挥拍时球拍顶部无沉重感。二是重量，就是整个球拍的重量，要根据个人的技术、体力、打法去选择，初学者以使用 260 ~ 290 克重的球拍为宜。三是拍把的粗细，只要握拍时感觉轻松即可。初学者总喜欢拍把细一点的球拍，其实应选粗一点的。

软式网球是充气的白色橡胶球，直径 1.6 厘米，重 30 ~ 31 克，从 1.5 米高处下落的反弹高度为 65 ~ 80 厘米（国际标准为 55 ~ 80 厘米）。

比赛方法：场地中间以球网相隔，利用球拍相互对打落地反弹一次的球或扣杀空中的球，比赛不受时间和击球次数的限制，先得 4 分一方为胜一局，如双方均得 3 分时需某方连得 2 分，才算胜一局。正式比赛采用 7 局 4 胜制或 9 局 5 胜制。软式网球和硬式网球的区别见下表。

表 4 - 1　软式网球和硬式网球的区别

项目		软式网球	硬式网球
不同点	球	直径 6.6 厘米，重量 30 ~ 31 克，白色橡胶制成	直径 6.4 ~ 6.7 厘米，重量 57 ~ 59 克，橡胶制品，表皮用毛毡覆盖
	球拍	重 290 克左右	重 400 克左右
	网高	1.06 米，水平	两端高 1.07 米，中央高 0.914 米
	报分	1 分、2 分、3 分、平分	15、30、40、平分
	比赛	7 局 4 胜制或 9 局 5 胜制	先得 6 局为胜一盘，先胜两盘或三盘为胜
	握拍法	西方式握拍法为主，挣反手击球时用同一拍面	东方式握拍法为主，正、反手击球时不用同一拍面
	球的旋转	以上旋球为主进行击球	上旋球和下旋球并用
相同点	场地	场地规格、挥拍动作、重心的移动、球拍触球等基本相同	
	击球	击球时步法、挥拍动作、重心的移动、球拍触球等基本相同	
	发球	动作要领（挥拍、身体动作）完全相同	
	战术	相同	

二、短式网球

短式网球是在世界网球运动进入高速发展的时期，在出现了"启蒙早、成才小"趋势的情况下产生的一种儿童网球运动，起源于20世纪70年代后期的瑞典。1990年，国际网球联合会正式认可并接纳短式网球为发展规划项目。短式网球是一项经专家设计、富有网球运动全部内涵、适合于5岁起各年龄段儿童启蒙训练的新兴体育项目。

短式网球的标准场地长13.4米，宽6.1米，端线至挡网的距离不得少于4米，两场地之间不低于3.5米，侧面挡网高步低于2米。球网柱高0.85米，球网中央高0.8米，网长7米，两网柱之间长7米。地面使用沙土、水泥、木板、沥青、塑料均可，但需平整。短式网球场地一般建在室内或室外无风处。

短式网球球拍与网球拍型相同，但轻小。长度可分为47厘米、49厘米、55厘米和59厘米4种。重量与长度成比例，在160～220克之间。

短式网球用球是用泡沫塑料制成的，直径7厘米，重14.5～15克，具有弹性好的特点，飞行过程中空气阻力较大，飞行轨迹稳定，落地后前冲力小，非常适合于儿童。

短式网球的比赛规则近似成人网球比赛的规则。其中单打、双打、混合双打均采用11分制，每局10∶10时，必须有一方连胜2分才算胜该局，可以根据年龄、性别采用3局2胜制或5局3胜制。比赛规定每人只有2分发球权，也就是当运动员由右区到左区各完成1分发球后，发球权交换到对方。比赛中双方积分之和至8分或8分的倍数时，运动员需要交换场地继续比赛，所得比分有效，发球的顺序不变。换场和比赛中途不得休息，只有一局比赛结束后，运动员才可休息90秒。其他规则基本和网球规则一致。

第五节　网球运动欣赏

一、网球运动的艺术价值

说起网球人们首先会想到它是一个运动项目，可强身健体，也可进行比赛，其实网球的真谛还在于它还具有极高的美学价值，不仅可以愉悦审

美客体（运动者），还可以调动审美主体（观赏者）的快感意识，完成审美主客体对网球美的创造和升华。

爱美，追求美，是人的天性。人们崇尚美的事物，热衷美、关注美。甚至不惜代价完成对美的追求，因为美是不可抗拒的。网球作为一项极具形象感染力和观赏性、娱乐性的竞技项目，以它独特的魅力放射异彩，使运动者展示自我，使观赏者获得享受。一代球王桑普拉斯的威猛发球，新秀休伊特的灵动步伐，玉女辛吉斯的刚柔相济，美丽库娃的婀娜身姿构成一道道亮丽的风景线，让亿万观众如痴如醉，在美的意境、美的享受中得到了快乐。

网球是美丽的，"她"是一个美的集合体，是美的多元化和美的结晶。

（一）起源美

网球起源可以追溯到 13 世纪的法国，当时它只是传教士在教堂回廊里用手掌击打的一种掌球游戏。传入宫廷后，成为法国王室贵族一种消遣、娱乐游戏。14 世纪中叶，法国王储将这种游戏使用的球赠与英皇亨利五世，于是这种游戏传于英国。16 世纪初曾经传于民间，后来被禁止并规定只能在宫廷内进行，成为名副其实的"贵族运动"。自网球诞生之日起，网球就是上层社会的一种娱乐活动，这就从本源上提高了网球运动的地位，并有了"高雅运动"美誉。从此，"贵族运动"、"高雅运动"广为流传，深受全人类的喜爱，成为如今世界第二大运动项目，这充分说明网球运动自古以来就具有很高的审美价值，能给人们带来不可替代的审美享受。

（二）网球运动展示了力量与雄健之美

当运动员以 200 千米左右的时速发球的时候，当奋力抽杀的时候，当凌空飞越劈杀扣球的时候，我们不免会惊诧人的力量之美，为运动员雄健的体魄和力拔山兮的气势所折服，这种自然美会产生一种催人奋进的精神力量，英雄主义的光辉历史展现在人们面前。

（三）网球运动的形态美与动感美

纵观网坛，运动员们身材高大，体形匀称，躯干短，四肢长，关节灵活，上肢手大臂长，下肢大腿粗小腿细，肌肉发达，彪悍健美，将惊人的爆发力与极好的耐力完美地统一，向世人展现了他们的形态之美。网球是人类形体艺术的动态展现，球员的优美身姿是动感的图画和鲜活的雕塑。

发球，如弯弓射月；截击，如虔心送客；扣球，如泰山压顶；抽杀，如鞭打流星；救险，如赴汤蹈火；接发，如猛虎欲扑。来自于大自然的人体是网球美的运动载体，是形体美和动感美的源之所在。

（四）网球运动的智慧美

网球运动是运动员智慧的集中体现，真正的强者不会是一个靠蛮力打球的莽汉，而是一位智勇双全的谋略家。面对高速凌空飞来的网球，球员的睿智体现在一瞬间做出的果敢决断，变抽杀为轻吊，变远角为追身，变直线为斜线，变猛攻为高挑。球场上往往出现此起彼伏、龙腾虎跃、四面开花的精彩场面，人的思想之美、智慧之美尽显其中，令人拍案叫绝、叹为观止。

（五）网球运动的人格美与情操美

与智慧美一样，人格美也是一种社会美。一名真正优秀的选手，无不具有诸如王者气质、强者风范、球德高尚等。人们常常会看到，有的球员以悬殊比分落后并进入对手赛点时顽强拼搏，靠超人的毅力和不馁的精神连扳三盘，反败为胜；有的宁失冠军不失一德，纠正边裁的误判；有的甚至强忍着伤痛坚持比赛，凡此种种都体现了崇高的体育风尚。

人们观赏一场精彩的比赛，好似欣赏一部优秀的作品，选手是作品的中心人物，竞争是作品的主题，比赛的跌宕起伏是故事的情节，美则是作品永恒的主旋律。

二、网球运动礼仪

网球是一项绅士运动，它的魅力与网球礼仪、球员与观众所具备的良好的行为素养是密不可分的。"尊重网球场上的一切人与物"，这是球员最起码的行为准则，它包括尊重对手、观众、工作人员、服务人员，也包括尊重球网、网柱、球拍、球等等。优雅的绅士运动要求网球观众也具备良好的素质，尊重赛场上的规则与比赛进行过程中所发生的一切。

（一）运动员礼仪

运动员在比赛过程中应遵守的礼仪：

●球员参加比赛时，在赛前练球热身过程中有义务为对方的练习提供帮助，任何有意妨碍对方练习的做法都是有失风度的。

●比赛结束的时候，无论胜负都应该主动和裁判及对手真诚的握手。

●比赛结束的时候，可以将比赛用球抛给观众，但是不要将网球拍扔上看台，否则会砸伤观众的。

●球场上不要摔拍子，技不如人不要拿拍子出气。

●球场上不要用脚踢球，网球是用拍子打的，不是用脚踢的，就算你有马拉多纳的脚法，也不能用脚踢球。

●网球场上应该听从裁判的判决，对抗裁判的结果和上学时对抗老师的结果没有什么两样。

●正式比赛的时候，应该采取上手发球的姿势，下手发球虽然不被禁止，但是被认为是对对手的不尊重。

●为对手喝彩与向对手表示歉意。当对手击出好球时，应为其鼓掌。特别是在比赛中，当对手打出了自己很难击出的漂亮的得分球时，应用手轻拍球拍，潇洒地表达自己为对手高兴的心情。如果打出一记幸运球（luck ball ——球擦网后，改变方向和速度，落在对方场内，一般对手接不住），要说声"sorry"或举拍示意，将球拍面向对手以表示歉意。

（二）日常训练礼仪

●捡球过程中学会等待。训练过程中当你的球滚入邻场而邻场的球员正在练球时，请耐心等待别人击球结束。此时你若贸然入场捡球只会得到愤怒的目光，还可能遭到"飞来横祸"。别人帮你捡了球，不要忘记说一声"谢谢"。

●要发球时先看一看对方是否已做好了接球的准备，最好将球举起来示意一下。不要连看都不看就将球发出去，这样别人很可能接不到球，这也是对对手的不尊重。

●不要从球网上面跨过，亦不要触压球网。

●练球时，当对方的回球靠近底线时，应主动告诉对方他打过来的球是"in（界内）"、"out（界外）"还是压线。

●练球时当你击球出界或还击下网时，尽管你不是有意如此，但也应该向对方说声"sorry（对不起）"，最好用英文，这样会让你显得更加绅士。

（三）网球观众礼仪

●赛前进入观众席就座，比赛进行中不得走动或退场。如果观看网球比赛时迟到，应该在球员休息的时候进场，以免影响球员的注意力，干扰比赛；同样，如果在观看比赛的时候离开观众席，也要在球员休息的时候离开。

●在球员发球的时候，不要用闪光灯拍照，更不要发出声响，避免对运动员造成干扰。

●观看比赛时应尽量避免携带能

发出声音的物品或关掉其声音，观看比赛时应尽量将手机关机或设置在振动状态。从球员开始准备发球到一分结束，观众在此过程中最好不要随意交谈、吃东西、叫好、喝彩、鼓掌。

●服从赛场裁判人员的劝告。当听到裁判员要求观众安静的时候，应立即停止鼓掌，保持赛场安静。

●观众不得随便进入正在比赛的场地，更不要与工作中的裁判员、工作人员谈话，以免影响比赛的正常进行。

●落入观众席得球，不要马上扔回赛场，等判定胜负一分时扔回，更不能向赛场扔其他东西。

●球员应尊重观众，而观众也应尊重球员，应给双方球员以平等的支持和鼓励。

第五章　网球运动生理卫生与健康常识

　　随着我国网球运动的普及和发展，越来越多的体育爱好者投入到网球运动，在达到强身健体目的的同时，还充分享受网球运动所带来的乐趣。但是由于网球运动量较大，运动技术比较复杂，缺少专业的指导，以及预防运动损伤知识和意识的缺乏，因此，网球运动损伤也像其他运动项目一样不可避免。故加强运动损伤的预防，使网球运动参与者掌握预防损伤的方法，加强自我保护意识，将使其更好地享受网球所能带来的一切益处。

第一节　常见运动损伤

　　与其他运动项目相比，网球运动损伤相对较少且较轻，损伤的危险性也小得多。但在运动过程中，网球运动参与者都必须重视急慢性损伤，而了解各种常见的网球运动损伤及原因是正确预防的先决条件。

一、网球运动的典型肌肉关节损伤、起因及机理

（一）肩带肌肉损伤

　　肩带肌腱是最容易受伤的部位。运动员发球时球抛出的位置不正确（太靠近头部或抛在头的上方）；击球时肩反复转动或大力扣杀、被动击高球时超越正常的活动范围和大力发球，引起肌腱不断摩擦、牵扯而造成的；肩关节在由外展转为内旋动作的情况下（如发球、打高压球），使肩袖肌腱，特别是冈上肌肌腱不断与肩峰摩擦而产生损伤。

（二）背部肌肉拉伤

　　准备活动不充分或不到位；过度伸展动作和转体结合的不正确；缺乏全面的身体素质或适当的恢复；肌腱

的柔韧性差；腹肌力量较大和髋部伸展力量较小之间失衡；弯腰发球或屈膝接短球时背肌受压均易造成背肌受伤。

（三）腕部损伤

网球拍比较重、对方回球的冲击力很大，击球动作不合理，靠手腕动作打球，腕关节局部负担量过大或过于疲劳；正手击球和发球时握拍过紧；正手底线击球点太晚；底线抽球或网前拦击总爱动手腕；击球点靠后，勉强去够边线球，本来不能加力击球，但却加力击球就很容易使手腕损伤。

（四）肘部损伤

肘部损伤多表现为网球肘。球拍太重；拍把太细；握拍太紧；击球时肘部常常远离身体腋下或动作太晚；反手击球时，没有有效地运用身体力量，而让手臂过于发力，肘部过于急速伸直；正手击球时，没有靠转腰、转肩的力量，而用手臂强直打球，即直臂打球；击上旋球动作过大；前臂肌肉过度劳损；打球时肘部所承受的冲击和震动是造成网球肘的根本原因（图5－1）。

（五）膝关节损伤

在网球运动中，始终保持身体前倾和膝关节半屈位状态，以便随时起

动进行防守或进攻，往往容易造成局部负担过重，导致膝关节发生劳损；运动员跑动多，步法变化快，转向、旋转迅捷，快速急停制动次数多，髌骨关节面常产生错动、摩擦、撞击易造成损伤；疲劳和运动过量；场地过硬都会引起膝关节软骨和韧带的损伤。

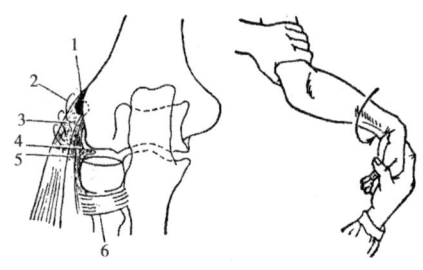

图5－1　网球肘

（六）小腿损伤

准备活动不充分或不到位、腿部肌肉的生理机能尚未达到适应运动所需的状态；训练水平不够、肌肉的弹性和力量较差；疲劳或过度负荷使肌肉的机能下降、力量减弱、协调性降低；错误的技术动作或运动时注意力不集中，动作过猛或粗暴；小腿肌肉过高频率地连续收缩而放松时间又太短，收缩与放松不能协调地、成比例地交替进行，也会引起小腿肌肉痉挛；接高球时，膝关节伸直再突然蹬地提踵起跳；气温过低、湿度太大、场地或器械的质量不良等都可以引起

小腿肌肉损伤。如图 5 - 2。

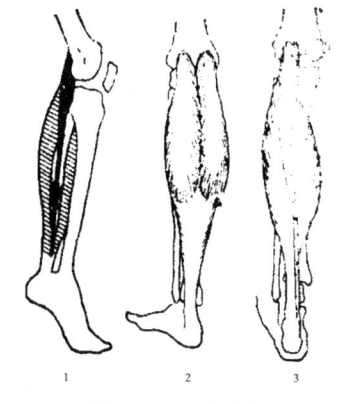

图 5 - 2　肌肉拉伤

（七）踝关节损伤

由于准备不足，机体未能预热；场地过硬；动作不规范，负荷超过了机体的承受能力；打球跑动时急停或奋力奔跑动作过于短促、用力；身体出现疲劳现象，尤其是脚踝的疲劳；精神状态不佳；疲劳未彻底消除；在这些情况下，仍然在球场上强迫激烈打球，就容易造成踝关节损伤。

第二节　常见运动损伤预防措施与临场处理方法

如何在运动场上保护好自己的身体以避免不必要的伤害，无论对职业网球选手还是网球业余爱好者都是十分重要的。因此，有思想准备和预防意识，并采取切实有效的措施，努力消除各种致伤因素，能达到以防为主，防患于未然的目的。初学者应在教师或教练的正确指导下，以学习规范的网球动作为重点，并严格遵守循序渐进的原则，先学分解动作，再学连贯动作，由简到繁，由易到难，学习和掌握网球基本技能。

一、肩带肌肉损伤的预防措施与处理方法

肩部损伤的预防主要靠参加网球运动时，做好充分的准备活动；遇到寒冷、潮湿和大风天气时，注意保暖，及时擦去汗水；伸展和增强肩关节周围肌肉的力量；牵拉和增强肱二头肌和肱三头肌的力量；不要连续长时间地用最大强度练习发球，发球时使用人体主要部位（腿部、髋部、躯干）的力量。肩部损伤的治疗手段很多，主要有休息、按摩、针灸、理疗、穴法和冷敷，并辅以轻微的肩部活动，这样可以防止肩关节的僵化。按摩时患者取卧位，使患肢上举、后弯、内收、外展、外旋各 10 次，前后摇动 30 次；再揉搓肩部 2 ~ 3 分钟，每天 2 ~ 3 次；点穴时操作者一手托起患者手臂与肩平，另一手拇指

或中指点按患者肩部穴位，持续 4～5 分钟，使患者有酸痛感，并连续在此穴上按压。

二、背部肌肉拉伤的预防措施与处理方法

背部肌肉拉伤的预防主要靠加强腰背肌的力量和伸展练习；发球时不要过分弯腰，应屈膝和转肩；在练习发上旋球以前，完成髋部和腹部力量和柔韧性训练；要根据年龄、性别、身体素质、技术水平、训练水平等实际情况，合理安排运动负荷；当身体不适，情绪不佳，或疲劳还未恢复时，一定不要勉强去打球，这时应在场边做些轻微的活动，量力而行，达到锻炼身体的目的就可；同时要加强身体的全面锻炼，提高身体素质，使身体各个器官、系统的功能都得到发展；加强自我医务监督。背部肌肉损伤的治疗主要有休息、按摩、针灸、理疗、穴法和冷敷。

三、腕部损伤的预防措施与处理方法

腕部损伤主要靠做好充分的准备活动和伸展活动；经常做小臂肌群力量练习，加强腕部的力量；运动时使用护腕和减震装置及纠正腕部错误动作进行预防。腕部扭伤后要立即休息、冰敷并用夹板固定，使用消炎药物；疼痛较为严重的及时找医生诊断并进行 X 光检查，必要时进行手术治疗。

四、网球肘的预防措施与处理方法

网球肘的预防措施主要是认真作好准备活动及练习后的放松活动；掌握正确的反手击球的技术动作，用力均匀、协调；加强身体素质的练习；根据自己的特点，选择适合自己的球拍和装备并适当减少球拍穿弦磅数，以减轻一些因拍过硬，击球时产生的震动；提高持拍手臂的肌肉力量，练习时防止其过度疲劳；应加强前臂力量练习，纠正直臂击球的动作，让大臂和小臂无论在后摆还是前挥的时候都保持一个固定且具弹性的角度；初学网球时最好有教练员指导，学习正确的技术动作，了解网球击球规律。

网球肘的处理方法有：

（1）停止练习，用冰块按摩，缠绷带固定肘关节，同时避免手背向上用力举东西，避免用重笔写字，适当的休息，待完全康复并对错误动作进行纠正之后再继续进行练习。

（2）用支撑力较强的护腕和护肘

把腕、肘部保护起来，限制腕、肘部的翻转和伸直。

（3）疼痛加重后可采用中药、针灸疗法，当保守疗法无效后可考虑手术。

五、膝关节损伤的预防措施与处理方法

一般性预防措施有运动前认真热身，加强下肢准备活动，保持身心的良好状态投入到运动中；开始运动时，切忌做快速启动、快速奔跑及急停等动作；改正不正确的技术动作，适当控制运动强度与密度；运动鞋底不能打滑，如膝部有不适感，可戴护膝或包扎弹性绷带等护具；此外，加强膝关节的柔韧性和肌肉力量。对于膝部的轻度损伤，可用休息、局部冷敷和抬高患肢等方法治疗。肿痛减轻后，可采用推拿、按摩、揉捏、理筋等手法进行按摩。如韧带部分断裂，早期局部冷敷、加压包扎、抬高患肢、固定膝关节于微曲位 1～3 周，内服中、西止痛药物，48 小时后可做按摩、埋疗、外敷或内服中药，并配合以股四头肌力量练习。一旦确诊韧带完全断裂，应尽早手术缝合，否则会影响日后关节的稳定性。

六、网球腿的预防措施与处理方法

网球腿的预防措施主要是在每次运动前做好充分的准备活动，使肌群适应剧烈的运动；加强小腿力量和柔韧性的练习，使屈肌和伸肌的力量达到相对平衡。治疗方法是立即休息，在小腿后侧压痛点及周围喷洒冷冻麻醉剂或用冷水冲洗患肢，以减少出血防止过度肿胀；局部冷敷和加压包扎并且抬高患肢；疼痛减轻时下地做适应性行走，防止肌肉粘连，并辅以超短波、热敷、手法按摩等治疗；疼痛严重的可口服止疼药物并立即送医院确诊，必要时还要接受手术治疗。

七、踝关节损伤的预防措施与处理方法

踝关节损伤的预防方法是运动前要充分做好准备活动，使踝关节充分活动开；合理安排运动负荷，掌握正确技术动作，当身体不适，或情绪不佳，或疲劳还未恢复时，一定要养成不蛮干、不乱击球和发球等良好习惯；加强踝关节周围的肌肉力量，以适当限制关节的活动范围；此外，穿底部摩擦系数大的

运动鞋，如感到踝关节轻微不适，可戴护踝或包扎弹性绷带等护具。踝关节扭伤后轻者立即给予冷敷、加压、抬高患肢、固定，并外敷新伤药；重者将损伤韧带固定于松弛位，如外踝损伤，则固定于外翻位。伤后两天，可在踝关节周围用轻手法的推拿、揉捏、切法、理筋等进行按摩，并配合理疗和针灸治疗。

八、急性心绞痛的预防措施与处理方法

主要表现为心前区及左背部剧痛，气短心悸，冷汗不止。这是由于冠状动脉供血不足，心肌严重缺氧缺血所致。此时，应让患者保持镇静，平卧保暖，并服用硝酸甘油，有氧气袋时应给予吸氧，并马上请医生急救处理。

九、急性心功能不全的预防措施与处理方法

运动强度过大或持续时间过长，或者因病中断锻炼较长时间后，开始恢复训练时运动量太大，心脏难以随从，于是出现急性心功能不全。表现为呼吸困难，咳吐红色泡沫痰等。此时应保持患者安静，平卧或半卧位，吸氧，尽快送医院抢救。

十、骨折的预防措施与处理方法

出现骨折时，不要惊慌。有出血时立即压迫止血。然后用夹板妥善固定好患肢。如无夹板，可就地取材，如树枝、木棍、木板等都可用作临时夹板，固定是为了防止搬运途中移动患肢加重损伤，同时也可减轻疼痛。妥善固定后，应迅速送往医院进一步治疗。

十一、急性扭挫伤的预防措施与处理方法

前面几种意外事故病情较严重，但毕竟发生较少。而锻炼中最易发生的却是关节扭伤、韧带、肌肉拉伤。由于场地不平，器械使用不当，用力过猛，动作不准确等原因均可引起。一旦扭伤发生，应立即停止运动，马上用冰块或冷水冷敷伤处，以减少出血和疼痛，然后用弹力绷带包扎患处，再请医生做进一步处理。

十二、跟腱炎的预防措施与处理方法

选手在网球比赛或训练前充分做好热身活动和伸展运动，尤其是

先天性足弱者；挑选合适的鞋子；检查击球时脚位置的正确性。患病后，可用冰块按摩或使用消炎注射剂，包扎医疗绷带等方法，严重者需做手术。

十三、跟腱断裂的预防措施与处理方法

充分做好热身活动。发生损伤后足部表面无异常现象但有剧烈撕裂疼痛应采取快速用冰水冷敷，固定踝关节，抬高患肢，求助医生等紧急措施。

十四、腰疼的预防措施与处理方法

出现腰部僵直，突发性锐利疼痛；脊柱突出，以至大腿失去知觉，肌肉无力等情况时应迅速中断训练或比赛，热敷疼痛部位；找医生寻求帮助。预防和治疗：经常加强肌肉锻炼，增强腹部和背部的肌肉力量，建立身体肌肉平衡。损伤出现后做热敷处理、按摩或椎骨复位。

十五、膝关节疼的预防措施与处理方法

出现紧张剧烈运动或负荷过重时疼痛、伴有水肿等情况时应立即采取用冰块按摩；使用消炎软膏、超声波、缠绷带等方法进行治疗。预防此种情况应注意充分做好准备活动、加强关节力量练习、正确技术动作，膝关节的保护如变向跑、选合适的网球鞋、戴护膝。

第三节　网球运动营养与恢复

一、运动前的饮食与营养措施

网球练习者在运动中会出现精神高度紧张、消化机能减弱、饮食不佳的现象。运动前应为机体提供适宜的能量，保证体内有充足的水分和碱储备，并使机体有良好的胃肠机能，饮食还应当满足网球练习者的心理需求。运动前热量不能摄取过多，否则会使体重和体脂增加，多余的体重和体脂会成为耐力、速度和力量的限制因素。运动前为增加碱储备，可多选用水果和蔬菜等。应避免吃辛辣、刺激、生蔬菜、含纤维素多的粗杂粮及易产气的干豆或韭菜等食物。

二、运动当日的膳食和营养

运动当日的饮食原则与运动前相似。食物的热能应充足，但体积重量宜小，对胃肠道无刺激，易消化并避免进食大量的肉或油脂。运动前一餐应在 2~3 小时前完成，以保证在运动时大部分食物已从上部胃肠道排空。运动前不可服用含酒精的饮料或酒，因为酒精延缓反应时间，产生乳酸盐，使疲劳提前产生，损害肝细胞。

三、运动中的饮料及饮食的补充

一般情况下网球运动时间较长，必须准备充足的饮料。大量出汗使网球练习者的体液处于相对高渗状态，因此补充的糖–电解质饮料应是低渗的（如矿泉水），以维持血糖的水平，并适当补充丢失的盐分（如引用少量盐水），促进体内环境恢复稳定状态。

四、运动后的饮食和营养

为加速运动后的体能恢复，运动后两三天内仍应提供充足的热能、维生素和富含无机盐的饮食，以促进糖原、电解质和酶水平的恢复。运动后 5 小时内糖原恢复的速度最快。此时，应提供一些含高糖的食物，或含糖浓度较高的果汁饮料。运动后的食物仍应保持低脂肪水平，并遵循平衡膳食的要求，如应尽量禁吃油烤食品或油脂较大的肉类等。

第六章 网球运动竞赛组织与裁判工作

随着网球运动的不断普及，我国的网球人口正在不断增加。如何组织好参与网球运动的人参加不同类型的比赛，是关系到网球运动能否更好、更快发展的重大问题。在实际比赛运作过程中，根据比赛的目的、任务、要求及竞赛时间的长短、参加人数的多少、竞赛项目的多少和训练水平、比赛场地的数量、人力、财力等因素来考虑选择某种竞赛制度。在比赛中，运动员要严格遵守和执行竞赛规则。

第一节 网球运动竞赛组织

通常在举行一次网球比赛前，主办者要考虑用什么样的方法使运动员（队）之间进行比赛，以达到决出冠、亚军和排出其他名次的目的。国际上的网球比赛除戴维斯杯和联合会杯赛为团体赛外，大多数的国际网球赛为单项比赛，大多采用单淘汰制。在国内，除全国团体锦标赛采用第一阶段分组循环、第二阶段单淘汰外，其他比赛均采用淘汰赛制。但具体采用哪种赛制，组织者可根据自己的条件和目的而定。

一、国际上一般采用的编排方法

（一）单淘汰制

所谓单淘汰，即是运动员（队）按排定的秩序由相邻的两名参赛者（队）进行比赛，胜者进入下一轮，负者淘汰，直到唯一的一名未被淘汰的参赛者，就成为这次竞赛的冠军。这种方法多在参赛球员数多、场地少、时间短的情况下采用。

单淘汰制比赛具有强烈的对抗

性，在比赛过程中，技、战术水平高的球员趋向集中，比赛逐渐形成高潮。其优点是节省时间；组织形式容易被人理解；适合于有大量参与者的比赛；比赛场次少；比赛场地少。缺点是非胜即败，败一次即失去继续比赛的权利。

1. 单淘汰制的抽签办法

参加比赛的运动员人数是以2的 n 次方设位置，即2、4、8、16、32、64、128 个位置，按下列格式，采取累进的淘汰制进行比赛。若人数多于128，则增加预选赛。

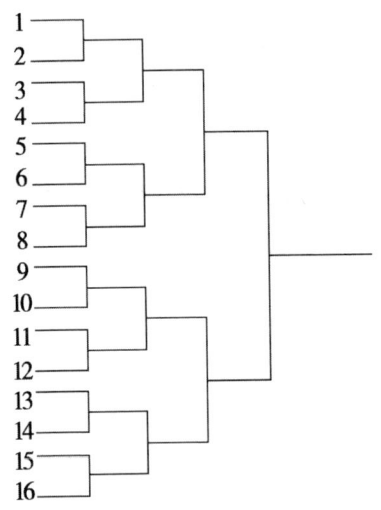

图 6-1　单淘汰赛比赛次序示意图

（1）比赛轮数（轮次）的计算

根据比赛报名人数选择最接近的较大的2的乘方数作为号码位置数，2的指数即为轮数，如27人参加比赛

则选25（即32个号码位置数），5即为轮数。

（2）比赛场数的计算

单淘汰赛的场数计算公式：场数＝参加人（队）数－1。如8个队参加比赛，其场数为：8－1＝7场。

（3）轮空数的计算及轮空位置安排

当参加比赛的运动员人数不是2的乘方时，第一轮将有"轮空"，即有的号码位置没有运动员。其目的是使运动员在第二轮中形成一个"满档"，即2的乘方数，这样比赛才能顺利进行，一直到最后两名运动员参加决赛。

轮空数的计算方法是：所选定的号码位置数减去参加比赛的运动员人数。例如，有27名运动员参赛，则选32个号码位置数，即32－27＝5，第一轮就有5个号码是轮空的。与这5个号码相遇的运动员将直接参加第二轮比赛，然后他们和第一轮比赛的11名优胜者形成2的乘方数16。

网球比赛是采用轮空和种子的原则进行安排的，这有别于其他一些项目。"轮空"先从两端开始，然后移向中间。第一个轮空先从下端开始，第二个轮空从上端开始，依此类推，交替进行下去。如果有27名运动员参赛，就需要在 31、2、29、4、27 号位置上安置"轮空"。这是中国网球协会批准的在任何地区、区域或国家的锦标赛分配"轮空"的正式办法。

2. 种子选手的确定与排列

根据比赛人数确定种子的数目，每 4~8 人有一名种子选手，不足 4 人也可以设置 1 个种子，但种子选手最多不得超过 16 人。如果种子选手不够，则有多少算多少。如有 27 人参加比赛，可选定 32 个位置，即可确定 7 个种子。

（1）根据中国网协比赛规则规定，确定种子选手应依据前一年同一比赛的名次。

（2）将 1 号种子选手安置在最上端，2 号种子选手安置在最下端，其他种子选手的位置由抽签决定。如果抽签决定 3 号种子选手在上半区，那么 4 号种子选手的位置就应放在下半区，若 3 号种子选手抽签在下半区，则 4 号种子选手应抽入上半区。其余种子选手的位置也依此类推。

安排种子选手应遵循四条原则：

①上下半区按分区的次序平均分配种子；

②上半区种子靠分区的上面，下半区种子靠分区下面；

③尽量远离 1、2 号种子；

④每相邻两个种子中，将先抽到的放在一个半区，后抽到的则放在另一个半区。

在网球的实际编排中 3、4 号种子，5、6、7、8 号种子是不分次序的。

（3）种子选手的号码位置由抽签决定，32 名运动员抽签，有 8 名种子选手时 1 号种子选手在 1 号位置，2 号种子选手在 32 号位置；3、4 号种子选手抽签决定在第 9 和第 24 位置；5、6、7、8 号种子选手抽签决定在第 5、13、20、28 号位置。128 名运动员抽签，有 16 名种子选手时（用 64 号码位置抽签表两份，一份在上，一份在下，以 U 代表上表，L 代表下表），1、2 号种子选手安置在 U－1 与 L－64（或 128）号码位置上；3、4 号种子选手抽签决定在 U－33 与 L－32（或 96）号码位置上；5、6、7、8 号种子选手抽签决定在 U－17、L－48（或 112），U－49、L－16（或 80）号码位置上；9、10、11、12、13、14、15、16 号种子选手抽签决定在 U－9、L－56（或 120），U－25、U－40（或 104），U－41、L－24（或 88），U－57 和 L－8（或 27）号码位置上。如果在第二张表上重新编号，括号里的数字可使用 65－128。

（4）非种子选手的号码位置由抽

签决定，但要先抽种子选手，后抽非种子选手，一旦将种子选手填写在位置上，并注明哪些号码位置代表轮空时，即可进行非种子选手抽签。此时，可将所有剩余运动员姓名，按照抽签顺序，经抽签后填入剩下的未经占据的号码位置上。

当采取上述抽签程序后，出现同一个队的运动员，同一地区的运动员或同一国家的运动员被抽入同一1/4区时，竞赛委员会有权决定，将同队第二名运动员安置在下一个1/4区的相同的位置上。

（二）循环制

循环制可分为单循环、双循环和分组循环三种。单循环是指所有参加比赛的运动员，在比赛中都要相遇一次，最后按各球员在单循环赛中的全部成绩排定名次。双循环是指所有参赛球员在比赛中都要相遇2次，即进行2次单循环，最后按各球员在双循环中全部比赛成绩排定名次。分组循环是指将参赛的所有球员分成若干个小组，各组先进行单循环，排出小组名次后，再按竞赛规程规定的方法进行第二阶段的比赛，最后排定名次。

循环制比赛参加的所有球员相遇的机会多，有利于互相交流，共同提高技术水平。其优点是比赛结果的偶

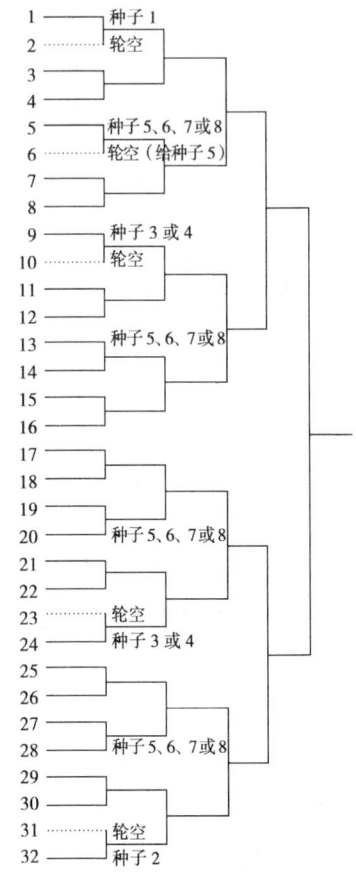

图6-2 网球比赛抽签示意图

然性、机遇性小；较能反映出各个选手（队）之间的真正水平；名次排定较客观；种子选手的编排并不特别重要；能高效地利用多个比赛场地；没有一个人被淘汰。缺点是比赛总场数相对较多；出现许多实力悬殊的比赛；在一定的时间和场地设备情况下，允许参加比赛的人数要少，而且名次的计算方法也比

较复杂。当参赛的人数较多而又受时间限制时，则采用分组循环的方式进行比赛；参赛人数不多而时间又充分时，则可采用双循环和单循环的方法进行比赛。

1. 单循环制

若参赛人数较少、比赛场地较多、比赛时间较长，各队（人）均要求和其他队（人）进行比赛，可采用单循环制比赛。单循环赛出场一次称为"一轮"，循环赛每轮比赛场数是相等的。

轮数的计算：当参赛的人（队）数为奇数时，轮数等于队数；当参赛的人（队）数为偶数时，轮数等于人（队）数减1。

场数的计算：比赛场数 $= N \times (N-1) \div 2$（N 代表队数或人数）。

比赛顺序的确定：一般采用逆时针轮转法。该轮转法采用1号位固定不动的位置号轮次和轮数，参加同一项目同一组的所有球员（队），除轮空者外，各比赛一次为一轮。第一轮次序是将比赛队数的前一半号码依次写出，排在左侧，再将后一半号码从下往上依次写出排在右侧，并用横线连起来。第二轮次序的轮转方法是1号固定不动，其他号码按逆时针方向轮换一个位置，排出即可。第三轮次序按第二轮次序的位置，逆时针轮换一次，依此类推可排出其他各轮比赛次序。如5个人（队）参加比赛则有轮空，轮空用0表示。比赛顺序如下所示。

第一轮 第二轮 第三轮 第四轮 第五轮
1——0 1——5 1——4 1——3 1——2
2——5 0——4 5——3 4——2 3——0
3——4 2——3 0——2 5——0 4——5

比赛名次的确定：单循环制按获胜场数多少决定名次，如积分相等，则按净胜盘数；若仍相等，则按净胜局数，再相等，则按净胜分数决定名次。循环赛成绩登记表如下：

	A	B	C	D	获胜场数	净胜			名次
						盘	局	分数	
A									
B									
C									
D									

2. 分组循环制

分组循环制的特点在于它既保留了循环制中各队相遇机会多的优点，又可缩短比赛时间。但因其只能确定出各队分组赛中的名次，所以一般在非单一循环复合赛及混合制复合赛中采用。分组循环比赛时，为了使分组比较合理，能反映出比赛的实际水平，一般采用种子队和蛇形排列分组方法。如有同一地区或同一单位两队以上参加，应分别排进各组。

（三）混合制

混合制是在一次比赛中分两个阶段进行，前一阶段采用循环制，后一阶段采用淘汰制。或先采用淘汰制，后采用循环制。较常用的是先循环后淘汰的混合制。混合制比赛中进行淘汰赛一般有两种方法：交叉赛和同名次赛。

混合制综合了循环赛与淘汰赛的优点，弥补了两者的不足，较全面地兼顾了竞赛各方面的要求。它有利于参赛者（队）的相互学习和交流，激励球员的比赛热情，最大限度地减少比赛胜负的偶然性，因而使比赛名次的产生较为合理客观。同时，随着比赛进程的推进，比赛逐渐进入高潮，观赏性较强。

如网球大师杯赛就是采用交叉赛方法。第一阶段将 8 名选手分 A、B 两组进行单循环赛，头号种子编在一组，2 号种子编在另一组，决出各组名次。第二阶段进行淘汰赛时，可将两组的第 1、2 名进行交叉赛。即 A 组 1 名对 B 组 2 名，A 组 2 名对 B 组 1 名进行比赛，然后两组的胜者进行决赛，胜者为冠军，负者为亚军。所有比赛采取三盘两胜制，决赛采取五盘三胜制。

同名次赛也可分两阶段进行。第一阶段可分成 A、B 两组进行单循环赛，排出各组名次，第二阶段淘汰赛时，两组的第 1 名比赛决出第 1、2 名，两组的第 2 名比赛决出第 3、4 名，依此类推。

二、竞赛规程的制定

组织一次网球比赛，首先得有一个竞赛规程。竞赛规程是比赛的指导性文件。竞赛规程通常包括竞赛日期、地点、项目、参加单位、参加人数、年龄规定、报名办法、比赛办法、竞赛规则、录用名次和计分方法、裁判员以及其他有关的特殊规定等内容。在制定规程时，必须精心设计规程的各项内容。在确定比赛时间时，要注意运动员的竞赛负担量，即每人每天一场单打和一场双打比赛。

而且是先单打后双打，这是国际惯例。但如遇特殊情况，如遇雨等，也可打乱此负担量。在安排比赛场次时，要考虑节假日的情况，尽量把半决赛和决赛安排在周六或周日进行。

三、竞赛表的制定

抽签完成后，要具体安排出整个比赛每一天的比赛场次、时间和场地等。在制定赛程表时，应考虑网球运动员的负担量及先单打后双打的原则。在头几轮的比赛中，应采用紧跟前场的方法安排比赛秩序。即一个场地上几场比赛，只限定第一场的开赛时间，而不写明以下各场的开赛时间。这种安排能保证场地和比赛时间得到充分利用，使比赛连续进行。在半决赛和决赛时，可采用限定开始比赛时间的方法进行安排，这样既有利于运动员的充分休息，又能为观众提供较准确的比赛时间和电视转播，有利于观众有选择地观看比赛。

第二节　网球运动的主要竞赛规则

一、单打比赛

（一）场地

单打场地是一个长 23.77 米、宽 8.23 米的长方形。中间由一条挂在最大直径为 0.8 厘米粗的绳索或钢丝绳上的网分开。网的两端应附着或跨在两个网柱上，网柱应为边长不超过 15 厘米的正方形方柱或直径为 15 厘米的圆柱。圆柱不能超过网绳顶端以上 2.5 厘米。每侧网柱的中点应距场地 0.914 米，网柱的高度应使网绳或钢丝绳的顶端距地面垂直距离 1.07 米。

在双打与单打兼用的场上悬挂双打网进行单打比赛时，球网应该用两根高 1.07 米的网柱支撑起来。这两根网柱被称为"单打支柱"，他们应该是边长不超过 7.5 厘米的正方形柱或最大直径是 7.5 厘米的圆柱。每侧单打支柱的中点应该距单打场地边线外沿 0.914 米。

球网应充分展开，完全填满两柱之间的空隙，网孔大小以不让球穿过为准。球网中心得高度应该是 0.914 米。并且用不超过 5 厘米宽的完全是白色的网带向下绷紧固定。球网上端的网绳或钢丝绳要用白色的网带包缝，每边宽不得少于 5 厘米也不能大

于 6.35 厘米。在球网、中心带、网边白布或单打支柱上均不得有广告。

球场两端的界线叫端线，两边的界线叫边线。在球网两侧距离球网 6.40 米的地方画一条与球网平行的横线叫做发球线。连接两条发球线中点与边线平行的线，叫做发球中线，线宽必须是 5 厘米。发球中线与球网形成"十"字形，将发球线与边线之间的地面分成 4 个相等的区域叫发球区。在两侧端线的中心，向场内画一条长 10 厘米、宽 5 厘米的垂直于端线的短线叫"中心标志"。全场除端线的最大宽度可以不超过 10 厘米以外，所有其他的线的宽度均应大于 2.5 厘米而小于 5 厘米。全场各区的测量，除中线外都从各线的外沿计算。所有的线应是同一颜色。

如在球场后面放置广告或其他物品时，则不得使用白色、黄色。任何浅颜色，只有当其不妨碍运动员视线时，方可使用。

注：（1）在戴维斯杯、联合会杯以及国际网联其他的正式锦标赛的比赛中，对于场地后面和两边的空地距离的详细要求，分别包含在这些赛事各自的规则中。

（2）俱乐部和以娱乐为主的网球

场地，每一条端线后面的距离不能少于 5.5 米，两边的距离不能少于 3.05 米。

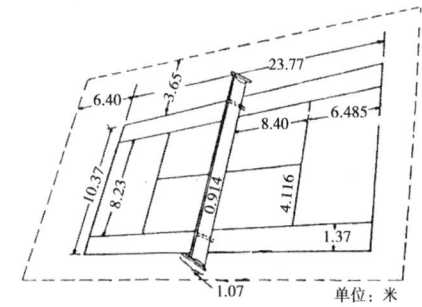

图 6 - 3　网球场地示意图

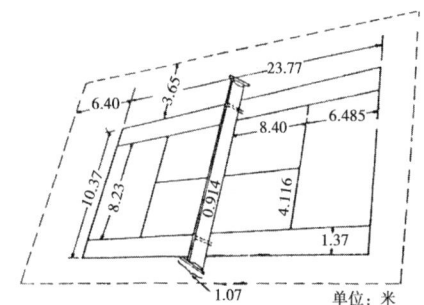

图 6 - 4　网球场地区域划分示意图

（二）球场固定物

球场固定物包括球网、网柱、单打支柱、网绳或钢丝绳、中心带、网边白布，还包括球场周围的挡网、看台、固定的或可移动的座位或座椅及占有人；安置在场地周围上空的设备以及在各自位置上的裁判员、辅助裁判员、脚误裁判员、司线员、拾球员等。

注：在本条中，"裁判员"包括主裁判，以及被授权在场地上有一席之位的人和被指定协助裁判员的临场工作的所有人员。

（三）球的大小、重量和弹力

球的外表是用纺织材料统制成的，毛质均匀，接缝处没有缝线。颜色应该是白色或黄色。球的直径是 6.35～6.67 厘米，重量是 56.7～58.5 克。球的弹力为：从 2.54 米的高处自由落下时，能在混凝土地面上弹起 1.35～1.47 米；气温在 200℃时，如果在球上加压 8.165 千克时，推进变形 0.56～0.74 厘米，复原变形 0.89～1.08 厘米。这两种变形的数据是对球的三个轴方向测试后得到的平均值。在每一种情况下任何两个数据之间的差异不能大于 0.08 厘米。

在海拔 1219 米以上的地方比赛时，可以使用两种类型的球。第一种球除了落地后弹起的高度在 121.92～134.62 厘米以外，还要使球的内压力大于外部的气压，其他方面则与上面的描述完全相同，这种球通常被称为"增压球"或"有压球"；第二种球除了落地后弹起的高度在 134.62～147.32 厘米以外，还要使球的内压力大约等于外部的气压并且在指定的比赛海拔高度适应 60

天以上，其他方面则与上面的描述完全相同，这种球通常被称为"零压球"或"无压球"。

注：所有按照本网球规则进行的比赛中的用球，必须是列在由国际网联颁布的正式的 ITF 批准用球的名单上。

（四）球拍

（1）球拍的击球面必须是平坦的，由弦线上下交替编制或联结组成，其组成格式完全一致。每条弦线必须与拍框联结，特别是穿线后其中心密度不能小于其他任何区域的密度。球拍的设计和穿弦应使球拍的两面在击球时的性质大体保持一致。

拍弦上不应有附属物或突起物。如有附属物，只限用以限制或防止弦线磨损、撕拉、振动或分散重力，其大小和布置也必须合理。

（2）拍框和拍柄的总长不能超过 81.28 厘米，总宽不得超过 31.75 厘米。拍框内沿总长不得超过 39.37 厘米，总宽不得超过 29.21 厘米。穿弦平面的总长度不能超过 39.37 厘米，总宽度不能超过 29.21 厘米。

（3）球拍框，包括拍柄上不应有附属物或设备。如有附属物或设备，只限用以限制或防止拍和拍柄的磨损、破裂、振动和分散重力。任何附

属物或设备，其大小和布置必须合理。

（4）球拍框包括拍柄以及弦线，在每一分的比赛期间，不应有任何可使运动员从实质上改变其球拍形状或改变球拍纵轴方向的重力分配，从而使挥拍瞬间的惯性发生变化或故意改变任何的物理性质从而影响球拍表现的装置。

国际网球联合会对任何关于某种球拍或样品是否符合上述的标准或是否可以被批准用于比赛的问题进行裁决。这种裁决有可能是国际网联本身主动进行的行为，或依据运动员、器材生产厂商、国家网球协会或其他的会员等的申请来进行。这些裁判与申请应根据国际网联适用的"回顾与听取程序"做出，其有关抄本可向秘书办公室索取。

例①：球拍击球面上可否有一盘以上的弦？

答：不能。规则中清楚地说到，交叉的弦组成一种式样而不是几种式样。

例②：如果拍弦是在一个以上的平面上，是否可以认为拍弦组成的式样大体上是一致和平坦的？

答：不可以。

例③：拍弦上能否安置减震器？

如可，设备安置在何处？

答：可以。该设备只可安置在交叉的弦组成的式样外边。

例④：比赛进行中，当一名运动员拍弦意外断裂，他能否用该拍继续比赛？

答：可以。

（五）发球员和接球员

运动员应分别相对站在球网的两侧。首先发球的运动员称为发球员；另一个运动员称为接发球员。

例①：运动员在击球前或击球后超过了球网的假定延长线，是否判他失分？

答：不判失分。只要他不进入对方场区界线以内即可（规则第二十条）。若有碍击球，对方可提请裁判员按规则第二十一条和第二十五条处理。

例②：发球员要求接球员必须站在场内接球，是否必要？

答：不必要。接球员可以随意站在球网一侧属于他自己的场地的任何位置接球。

（六）场地和发球的选择

场地的选择和在第一局中成为发球员还是接球员的权利由掷币来决定。掷币获胜的一方可以旋转或要求他的对手来选择。

（1）选择发球或接发球者，应让对方选择场区。

（2）选择场区者，应让对方选择发球或接发球。

例①：如果比赛在开始前被推迟或暂停，运动员是否有重新选择的权利？

答：是的。掷币的结果仍然有效，但运动员可以重新选择发球或场地。

（七）发球

发球员在发球前，应先站在端线后、中点和边线的假定延长线之间的区域里，然后发球员用手将球抛向空中的任何方向并在球接触地面以前用球拍将球击出。在球拍与球相接触的那一刻，整个发球即被认为已经结束。（仅能用一只手的运动员，可用球拍将球抛起。）

例①：在单打比赛中，发球员可否站在端线后单打边线与双打边线之间的位置发球？

答：不可以。

例②：如果一名运动员在发球时抛出两个或两个以上的球，是否判失误？

答：不判失误。重发球。若裁判员认为此举纯系故意而为，可按规则第二十一条处理。

（八）脚误

发球员在整个发球过程中：a. 不得通过行走或跑动改变原来站位的位置。b. 发球员发球时两脚轻微移动而未变更原位，不算行走或跑动。c. 发球员的两脚只准站在端线后、中点和边线的假定延长线之间，不能触及其他区域。

（九）发球员的位置

（1）每局开始发球时，发球员应先从右区端线后发球；得（失）一分后，应换到左区发球。这样每得（失）一分就轮流交换发球位置。如发球位置错误而未察觉，比分仍然有效；一旦察觉，应立即纠正。

（2）发出的球，在对方还击前，应从球网上越过，落到对角的对方发球区内的地面或者落在任何组成发球区的界线上。

（十）发球失误

发球时发生以下任何情况，均判失误：a. 发球员违反规则第七、第八和第九的各项规定；b. 未击中球；c. 发出的球，在落地前触及固定物（球网、中心带、网边白布除外）。

例①：发球员向上抛球准备发球时，又决定不击球而将球接住，是否算失误？

答：不算失误。

例②：单打比赛在双打场地上进行，使用了单打支柱，发出的球触及单打支柱后落入规定的发球区内，是应判失误还是判重发球？

答：判失误。因为单打支柱、双打支柱以及其间的球网、网边白布均系固定物（规则第二条、第十条及第二十四条）。

（十一）第二次发球

发球员第一次发球失误后，应在原来的发球位置进行第二次发球。如第一次发球失误后，发现发球位置错误时，应按规则第九条规定，改在另一区发球，且只有一次机会。

例①：发球员错区发球，失手后提出站位错误应判发球失误，该如何处理？

答：比分有效。下次发球应按比分站在正确的位置上进行。

例②：比分15∶15时，发球员站错位置在左区发球，得了该分，然后到右区发球，第一次发球失误后发觉发球位置有误，先前所得的一分是否有效？应该站在何处发第二次发球？

答：原先得分有效，比分应该是30∶15；该改站到左区发球，原先失误有效，只能发第二次发球。

（十二）发球时间

发球员须待接球员准备好后才发球。接球员做还击姿势就算已做好准备；如果接球员示意尚未准备好，即使所发的球没有落到发球区内，他也不能要求判此球失误。

（十三）重发球和重赛

凡根据规则必须重发球或比赛受到干扰时，裁判员应呼叫"重发球"。在以下情况下应重发球：a. 发出的球触到了球网、中心带或网带后落在有效发球区内，或者在触到了球网、中心带或网带后落地前又触到了接球员或他所穿的或携带的任何物品；b. 宣布发球无效时，仅该球不算，重发球；c. 其他情况下，该分重赛。

在重新发球时，引起重发的那次发球不被计算，发球员重新发球，但是重新发球前的失误不能取消。

例①：发球受到规则第十四条规定以外的一些原因的妨碍，是否只有重发球？

答：不。该分重赛。

例②："活球"期间球破了，是否应判重赛？

答：应该重赛。

（十四）发球无效

出现以下任何一种情况，应判发

球无效，并重发球：a. 合法的发球触及球网、中心带、网边白布后，仍落到对方发球区内，或发球触及球网、中心带、网边白布后，在落地前触及接球员身体或穿戴物体；b. 不论发出的球成功还是失败，接球员均为作准备（规则第十二条）。如重发球，则那次发球不予计算，但原先的第一次发球失误不予取消。

（十五）发球次序

第一局比赛结束后，接球员成为发球员，发球员成为接球员。以后每局结束，均依次无相交换直至比赛结束。如发球次序发生错误时，发觉后应立即纠正，由应轮及发球的球员发球。发现错误前双方所得的分数都有效。如发现前已有一次发球失误，则不予计算。如一局结束才发现次序错误，则以后的发球次序就以该局为准按规定轮换。

（十六）运动员何时交换场地

运动员应在每盘的第一、三、五等单数局结束后，以及每盘结束双方局数之和为单数时，交换场地。如一盘结束，双方局数之和为双数，则不交换场地，须等下一盘第一局结束后再进行交换。

如果发生错误未按正常顺序交换场地，则一经发现，应立即纠正场

区，按原来的顺序进行比赛。

（十七）活球

球自发出时起（除失误或重发球外），至该分胜负判定时止，为"活球"期。

例①：甲方运动员还击失误，裁判员未判，比赛继续进行。乙方运动员可否在往返对打结束后声称他应得这一分？

答：不可以。甲方还击失误，但比赛继续，只要乙方未受妨碍，乙方就不得有此要求。

（十八）发球员得分

出现以下任何一种情况，判发球员得分：a. 发出的球（发球无效除外，规则第十四条）在落地前触到接球员或他穿戴或携带的任何物品；b. 接球员违反规则第二十条的规定而失分时。

（十九）接球员得分

出现以下任何一种情况，判接球员得分：发球员连续两次发球失误时；发球员违反规则第二十条的规定而失分时。

（二十）失分

发生以下任何一种情况，均判失分：a. 在球第二次着地前未能还击过网（规则第二十四条 a 和 c 除外）；

b. 还击的球触及对方场区界线以外的地面、固定物或其他物件（规则第二十四条 a 和 c 除外）；c. 还击空中球失败（站在场外击空中球失败也算失分）；d. 在比赛进行中，运动员故意用球拍拖带或接住球，或故意用球拍触球超过一次；e. "活球"期间运动员的身体、球拍（不论是否握在手中）或穿戴的其他物件触及球网、网柱、单打支柱、网绳或钢丝绳、中心带、网边白布或对方场区以内的地面；f. 来球尚未过网即在空中还击（过网还击）；g. 活球状态下，除握在手中（不论单手或双手）的球拍外，运动员的身体或穿戴的物件触球；h. 抛拍击球；i. 在一分比赛进行中，运动员故意改变其球拍的形状。

例①：发球时，球拍从运动员手中飞出，在球触地面前触网，这是一次发球失误还是发球员失分？

答：发球员失分。因为是在"活球"期间球拍触网（规则第二十条 e 款）。

例②：发球时，球拍从发球员手中飞出，在球接触发球区以外地面后触网，这是一次发球失误还是发球员失分？

答：这是一次发球失误。因为当球拍触网时，已成"死球"。

例③：甲与乙和丙与丁比赛，甲发球给丁，丙在球着地前触网，然后由于球落在发球区外，判甲发球失误。试问丙、丁是否应失此分？

答：判"发球失误"是错误的。在宣判"发球失误"前，丙、丁已经失分。因为在"活球"期间，丙触网。

例④：运动员可否在"活球"期间跳过球网到对方场区而不被判罚？

答：不可以。应判运动员失分（规则第二十条 e 款）。

例⑤：甲削球刚过网，球又反弹至甲场区，乙够不着球，抛拍击球，拍与球一起落入甲方场区内，甲这时回球出界，乙失分还是得分？

答：乙方失分（规则第二十条 e 和 h 款）。

例⑥：站在发球区外的运动员，在对方发来的球落地前被击中，他是得分还是失分？

答：被击中的球员失分（规则第二十条 g 款）。规则第十四条 a 款除外。

例⑦：运动员站在场区外还击空中球或用手接住球，声称他应得分，因为该球明显出界，可以吗？

答：在任何情况下，他都不应得

分。Ⅰ. 如他用手接住球，他失分（规则第二十条 g 款）；Ⅱ. 如他还击空中球失误，他也失分（规则第二十条 e 款）；Ⅲ. 如他还击空中球为有效还击，则比赛继续进行。

（二十一）阻碍击球

如果甲运动员的任何举动妨碍了他的对手乙击球，若该举动属故意，判甲方失分；若属无意，则判该分重赛。

例①：一方在击球过程中触碰了对方，是否应判罚？

答：不。除非裁判员认为根据规定第二十一条有应罚这项。

例②：当球反弹后回过网去，追击该球的一方过网击球，但受到对方阻碍未能击球。应如何裁判？

答：按照规定第二十一条，裁判员可判受阻碍得分或指令该分重赛（规则第二十五条）。

例③：发球规则第二十一条之内的无意连击。是否构成影响对方击球的动作？

答：不是。

（二十二）压线球

落在线上的球都算界内球。

（二十三）球触固定物

活球状态下的球，落到对方场区地面后再触及固定物（球网、网柱、单打支柱、网绳或钢丝绳、中心带、网边白布除外）时，判击球者得分；球在落地前触及固定物，判对方得分。

例：一方运动员还击，球触及裁判员或裁判椅或看台，他声称该球正向球场飞入，应如何判决？

答：判击球者失分。

（二十四）有效还击

以下任何一种情况，都是有效还击：a. 球触球网、网柱、单打支柱、网绳或钢丝绳、中心带或网边白布后，从球网越过落入对方场区内；b. 对方发出或还击的球，落到本方有效场区又反弹回去或被风吹回对方场区上空时，本方运动员挥拍过网击球，球落到对方场区内，其身体、衣服或球拍未触及球网、网柱、单打支柱、网绳或钢丝绳、中心带、网边白布或对方场区的地面；c. 回击的球从网柱或单打支柱以外落在对方有效场区，无论还击的球是高还是低于球网或是触及网柱或单打支柱；d. 合法击球后，球拍随球过网；e. 对方发出或击出的球，碰到停在本方场区内的另一球，而还击的运动员仍能回球到对方场区内。

注：双打比赛结束后，为了方便

起见，可在双打场地上另装单打支柱。单打支柱以外的球网、双打网柱、网绳或钢丝绳及网边白布等都算固定物，不算单打网柱或球网的一部分。

回击的球，如果从单打支柱和相邻的双打网柱之间的网绳或钢丝绳下面穿过而又没有触到网绳、球网或双打网柱而落到有效场区以内，算有效还击。

例①：一个向球场外飞出的球，触及网柱或单打支柱而落入对方场区内，是否属于有效还击？

答：如果是发球，不属于有效还击（规则第十条 c 款）；如果是回击的球，则属于有效还击（规则第二十四条 a 款）。

例②：运动员双手握拍击球，是否为有效还击？

答：是有效还击。

例③：发球或来回击球过程中，球触及停留在场内的另一球，是否就此判得分或失分？

答：不应就此作出判决，比赛应继续进行。如果裁判员未能判别继续比赛的球是否系原来所用的球时，应指令该分重赛。

例④：运动员可否在球赛中使用一把以上的球拍？

答：不可以。规则中讲述的是单支球拍。

例⑤：运动员可否要求将停留在对方场区内的球取走？

答：可以。但不得在"活球"期间进行。

（二十五）意外阻碍

运动员遇到他不能控制的任何原因的意外阻碍（球场固定物及规则第二十一条的规定除外），而不能击球时，除了场地上的永久固定物，或规则二十一条中的规定以外，都应该重赛。

例①：一位观众进入场内妨碍了运动员击球，运动员可否要求该分重赛？

答：如果裁判员认为运动员击球时受到他不能控制的情况妨碍，可判重赛；如果是场上固定物或场中安置的物件影响击球，则不判重赛。

例②：运动员如遇到例①情况受到意外阻碍，裁判员判重赛，发球方已发球失误一次，还有两次发球机会吗？

答：有两次发球机会。因为规则说明在"活球"期间受到干扰，该分（不单是该次击球）应该重赛。

例③：依据规则第二十五条甲方认为乙受到以外阻碍，可否声称该分应重赛，而不还击对方来球？

答：不可以。

例④：当球击中在空中的另一球，是否算好球？

答：应判该分重赛。但若空中球是本场一名运动员所造成，裁判员可按规则第二十一条进行处理。

例⑤：如果裁判员或司线员错报失误或出界，继而又予以纠正，两项判定何者有效？

答：应判重赛，并给两次发球机会。如果裁判员认为双方运动员在击球中均受到影响，则纠正的裁决有效。

例⑥：若第一次发球失误，球反弹回来阻碍接球员接第二次发球，接球员能否请求重发球？

答：可以。除非他有机会将场内的球取走但却任其停留，则不得要求重发球。

例⑦：当球触及场内静止的或移动的物体时，是否算好球？

答：应算好球。如果该静止物是在"活球"期间进入场内，应判重赛；如果"活球"期间球触及在场上滚动的或在球场上空运行的物体，则必须判重赛。

例⑧：第一次发球失误，第二次发球有效，因出现了规则第二十五条所述的情况，或因裁判员未能作出判定而需重赛时，应如何处理？

答：第一次发球失误不予计算，应判该分重赛。

（二十六）胜一局

运动员每胜一球得一分，胜第一分记分 15，胜第二分记分 30，胜第三分记分 40，先得四分胜一局。但遇双方各得三分时，则为"平分"。"平分"后，一方先得一分时，为"该运动员占先"。"占先"后再得一分，才算胜一局；如一方"占先"后，对方又得一分，则仍为"平分"。依此类推，直到一方在"平分"后净胜两分结束该局。

（二十七）胜一盘

a. 一方先胜六局为胜一盘。但遇双方各得五局时，一方必须净胜两局才算胜·盘；b. 决胜局计分制可作为本条规则 a 款平局时长盘的变通办法，但要在比赛前宣布这一决定。

决胜局计分制规则：决胜局计分制可应用于每盘的局数为六平时，但三盘两胜制的第三盘和五盘三胜制的第五盘不得使用此制度，应使用本条 a 款的长盘制，除非另有规定并在比赛前宣布。

决胜局计分制如下：

单打：

（1）先得 7 分者为胜该局及该盘。若分数成 6 平时，比赛需延长到某方净胜两分时止。决胜局应全部采用数字计分制。

（2）该轮的发球员发第一分球，然后由对方发第二分及第三分球；此后轮流交替发球，每人连发两分球，直到决出该局与该盘的胜负为止。

（3）该轮的发球员在右区发第一分球后，即改由对方依次在左区和右区发第二、第三分球；此后轮流交替发球，每人连发两分球，其中第一分球均应在左区发球。如果出现从错误的半区发球，在发现前已得的分数均有效，但在发觉后应立即纠正错误的站位。

（4）运动员应在每六分及决胜局结束时交换场地。

（5）更换新球时，决胜局作为一局计算。如逢该局更换新球，应暂缓更换，待下一盘第二局开始时，再行更换。

双打：

单打比赛的规定都适用于双打比赛。轮到发球的运动员发第一分球，此后发球次序仍按该盘比赛中原先的发球次序排定，每人轮流交替发两分球，直到决出该局与该盘的胜负为止。

轮换发球：

运动员（双打时一对运动员）在决胜局首先发球者，在下一盘第一局中位接球方。

例①：虽然在比赛前已决定并宣布采用长盘制，但是在局数六平时用决胜局计分制比赛，试问已得分数是否有效？

答：如果在第二分球尚未开始比赛前发现此错误，则第一分有效，但应立即纠正错误。如果在第二分球已开始比赛后才发现此错误，则继续按决胜局计分制比赛。

例②：虽然在比赛前已决定并宣布采用决胜局计分制，但是在局数六平时用长盘制比赛，试问已得分数是否有效？

答：如果在第二分球尚未开始比赛前发现此错误，则第一分有效，但应立即纠正错误。如果在第二分球已开始比赛后才发现此错误，则继续按长盘制比赛。如果此后局数到八平或更高的双数时（即十平、十二平……），应采用决胜局计分制。

例③：单打或双打比赛在决胜局时，某方运动员的发球次序错误，是否在发觉后仍按错误的发球次序轮流交替进行？直至该局结束时止？

答：如运动员已发完该轮次球，

则按错误的发球次序轮流交替进行下去。如该运动员尚未发完该轮次球时，发现错误后应立即纠正发球次序，原先比分有效。

二、双打比赛

（二十八）除以下各条规定外，上述单打规则均适用于双打

（二十九）球场和球网

双打球场应为 10.97 米宽，比单打球场每边多 1.37 米。两发球线间的单打球场边线为发球区的边线。其余各项均和规则第一条相同。发球线与端线之间的单打边线，如认为需要，可以取消。

（三十）发球次序

每盘开始之前，决定发球次序：每盘第一局开始时，由发球方决定由何人首先发球，对方则同样地在第二局开始时决定由何人首先发球。第三局由第一局发球方的另一球员发球。第四局由第二局发球方的另一球员发球。第四局由第二局发球方的另一球员发球。此盘以下各局均按此次序发球。

（三十一）接球次序

每盘开始之前，决定接球次序：先接球的一方，应在第一局开始时，决定何人先接发球，并在这盘单数局继续先接发球。对方应在第二局开始时，决定何人先接发球，并在这盘双数局继续先接发球。他们的同伴应在每局中轮流接发球。

（三十二）发球次序错误

发球次序错误，发现后仍按已错误的次序进行，等到下一接球局再行纠正。

（三十三）发球失误或得分

发出的球，如违反第十条规定或触有同队队员或他穿戴的物件时，都算失误。发出的球，在着地前触及接球员的同伴或他穿戴的物件时（规则第十四条 a 款除外），应判发球方得分。

（三十四）还击

接发球后，双方应轮流由其中任何一名队员还击。如运动员在其同队队员击球后，再以球拍触球，则判对方得分。

注：除另有规定外，所有规则一律适用于男、女比赛。

附录：网球竞赛规则第三条所规定之试验法规

（1）除另有规定外，网球试验应在20℃（华氏68度），相对湿度约60%的条件下进行。试验前24小时，应将球从容器中拿出，放在试验要求的温度和湿度的地方，并应在该温度和湿度条件下开始试验。

（2）除另有规定外，试验应限定在气压计示度约76厘米之气压条件下进行。

（3）如球赛地点之平均温度、湿度或平均气压在各自的20℃（华氏68度）、60%和76厘米相差甚大时，可使用另定的地域性试验标准。

这些调整后的标准，可由任何一个国家网协向国际网联申请，如经批准则适用于该地区。

（4）关于球径之所有试验，应使用金属板量径器，最好是耐腐蚀的金属板，板的厚度一致，均为0.32厘米，板上有两圆形洞，其直径分别为6.54厘米和6.86厘米。量径器的内面应具有半径为0.16厘米之凸形侧面。球不应以其自重穿过较小圆形洞而下落，但应以其自重穿过较大圆形洞而下落。

（5）依据规则第三条所定的有关球变形之所有试验，应使用在英国获得专利权，专利号为230250，原由珀西·赫伯特·史蒂文斯（Percy Herbert Stevens）所设计，又加以改良及添加附属品，并经修改可测复原变形量之机器，但经某国网协所承认而具有与史蒂文斯机器同等功能之机器，亦可使用。

（6）进行试验的程序

a. 预压：任何球在试验前，应在3个互成直角的直径上，连续稳定地压缩约2.54厘米，此操作进行3次（全部9次预压）。所有试验在与预压后2小时内完成。

b. 弹性试验：（参照规则第三条）。丈量水泥地面至网球底部之距离。

c. 外径试验：（参照本附录第4款）。

d. 重量试验：（参照规则第三条）。

e. 变形试验：将球置于改良的史蒂文斯机器上，并使球之接缝处与两压杆均不接触。加上接触砝码使指针与标线成水平，并将标度盘调至零。加相当于8.165千克的试验砝码于秤杆上，匀速移动转轮加压，此时秤杆应离原位 5 秒后复平。停止转动后，记录读数（推进变形），再转动转轮至轮上刻度 10 处（2.54 厘米）变形。然后将加压轮迅速反转（解除压力），直至秤杆指针与标线再度重合。如必要，等 10 秒钟后，指针已调整对准标线。记录读数（复原变形）。应在与每球最初测试点直径线成直角之另两点直径线上重复此操作。

附　录

专业词汇中英文对照表

网球（Tennis）

国际网球联合会（International Tennis Federation . ITF）

世界男子职业网球协会（Association of Tennis Professional . ATP）

世界女子职业网球协会（Women's Tennis Association . WTA）

准备姿势（Ready Position）

握拍方法（Grip Method）

击球过程的基本环节（Basic part of hitting process）

判断（Judge）

移动步法（Mobile footwork）

击球（Batting）

回位（Reversion）

基本站姿及步法（Basic posture and gait）

调整步（Adjustment Step）

冲刺步（sprint Step）

小垫步（Small skip step）

滑步（Sliding）

交叉步（cross－step）

侧移步（side of the venue）

发球技术（Service technique）

平击发球（Flat hit ball）

侧旋发球（Side spin serve）

上旋发球（Topspin serve）

接发球技术（Reserve Technique）

进攻型接发球（Aggressive return of serve）

防守型接发球（Defensive return of serve）

抽球技术（Drive technique）

正拍抽球（Forehand Drive）

反拍抽球（Backhand Drive）

单手反拍抽球（one－handed Backhand Drive）

截击球技术（Volley technique）

正拍截击（Forehand volley）

反拍截击（Backhand volley）

高压球（Smash）

近网高压（Near net Smash）

后退高压（Back Smash）

挑高球技术（High volley technique）

进攻性挑高球（Offensive High volley）

防守性挑高球（Defensive High volley）

削球技术（Chop technique）

反弹球技术（Rebound technique）

半场反弹球（Half Rebound technique）

底线反弹球（Baseline Rebound technique）

放小球技术（Short technique）

软式网球（Soft Tennis）

短式网球（Short Tennis）

草地网球（lawn tennis）

单淘汰制（Single knockout）

循环制（Robin）

混合制（Mixed）

发球线（service line）

前场（fore court）

后场（back court）

中点（centre mark）

发球员（server）

接球员（receiver）

发球区（service area）

发球得分（ace）

主要参考文献

[1]美国网球协会.网球战术训练——赢得比赛的模式[M].汪鸽,郭泱,陶志翔译.北京:人民体育出版社,2009.

[2]广东省东莞市盈鸿网球学校.中小学网球教学[M].北京:人民体育出版社,2009.

[3]殷剑巍.网球技战术教程[M].合肥:安徽科学技术出版社,2008.

[4]计伟忠.休闲网球[M].北京:北京体育大学出版社,2008.

[5]宋强.网球发球技术图解[M].北京体育大学出版社,2008.

[6]孙卫星.现代网球技术教学法[M].北京:北京体育大学出版社,2007.

[7]张克仁,吴国宁,朱杰,苏玉凤.网坛驰骋——网球[M].南京:江苏科学技术出版社,2006.

[8]俞继英.奥林匹克网球[M].北京:人民体育出版社,2006.

[9]王捷.网球入门[M].合肥:安徽科学技术出版社,2005.

[10]骆积强.图解网球技巧[M].厦门:福建科学技术出版社,2005.

[11]王捷.网球入门[M].合肥:安徽科学技术出版社,2005.

[12]董杰.网球教程[M].北京:高等教育出版社,2005.

[13]陶志翔.网球运动教程[M].北京:高等教育出版社,2003.

[14]孙卫星.网球竞赛规则问答[M].北京:北京体育大学出版社,2003.

[15]周海雄,郑建岳.网球教程[M].北京:学苑出版社,2003.

[16]保罗·道格拉斯.48小时网球快易通[M].曹韫建译.西安:西安地图出版社,2002.

[17]王耀明.休闲网球技法[M].长沙:湖南文艺出版社,1998.

[18]肖毅.网球——风靡世界的体育运动[M].北京:北京体育大学出版社,1996.

[19]中国医学百科全书编辑委员会.中国医学百科全书运动医学[M].上海:上海科学技术出版社,1984(8).

[20]梁振聪.广州市天河区业余

网球爱好者运动损伤的调查研究[M].科教文汇,2009(5).

[21]王国胜.网球运动中常见伤病及预防[M].内蒙古体育科技,2008(2).

[22]吴骏驹.肇庆市业余网球爱好者常见运动损伤的调查与分析[M].西江教育论丛,2007(4).

[23]付饶.策略为王:实用战术总汇[M].网球,2007(12).

[24]褚松.完美的挥拍[M].网球天地,2005(4).

[25]鲍勤.网球运动常见的运动损伤及防治[M].南京体育学院学报,2005(2).

[25]邵玉.网球运动所引起的常见伤痛及其预防措施[M].湖北体育科技,2004(4).

[26] http://www.dongbar.com/wangqiu/BasicTech/List_4.html.

[27] http://www.kf-sport.cn/news_read.asp?id=23966.

[28] http://www.sport120.com/Article/200808/Article_21587.html..